2

Günther Kunstmann

… mit JESUS auf Streife!

Erlebnisse aus über 40 Jahren Polizeidienst

und was Gebet mit der Polizei zu tun hat!

Zum Schmunzeln und Nachdenken

Bibliografische Information der Deutschen National-bibliothek: Die Deutsche Nationalbibliothek verzeichnet diese Publikation in der Deutschen Nationalbibliografie; detaillierte bibliografische Daten sind im Internet über "http://dnb.dnb.de/" abrufbar

Die Bibelzitate sind, wenn nicht anders angegeben, der Luther Übersetzung 2017 entnommen. Fettdruck oder Anmerkungen in Klammern ist eine Hervorhebung des Autors.

© 2018 Günther Kunstmann, Bamberg / Germany (1)

Titelfoto: Günther Kunstmann

Herausgeber: Andra Kunstmann, Bamberg/Germany

Herstellung und Verlag: BoD - Books on Demand Norderstedt

ISBN: 9783752824346

Widmung

Dieses Buch widme ich allen Kolleginnen und Kollegen, die Tag und Nacht ihr Leben und ihre Gesundheit auf's Spiel setzen, um eine der schwierigsten Aufgaben unserer Gesellschaft zu meistern – den Polizeiberuf!

Sicherlich gibt es auch andere Berufe, wo Männer und Frauen ähnliche Herausforderungen meistern und ihnen dafür Anerkennung und Dank gebührt, aber da ich mit ganzem Herzen Polizist war und bin, richtet sich meine Widmung an diesen Berufsstand.

Wenn andere zu Hause bei ihren Familien und Freunden sind, feiern, schlafen, relaxen, ihren Hobbys nachgehen, Weihnachten, die Silvesternacht, Feiertage und viele andere Zeiten genießen, sind sie im Dienst, um gewissenhaft, voller Motivation und Hingabe den Menschen zu dienen, sie zu schützen und für sie da zu sein. Sich ihrer Nöte und Hilflosigkeit anzunehmen und möglichst gute Abhilfe zu schaffen.

Es ist bewundernswert, daß sie trotz Anfeindungen, Beleidigungen, Widerstand und Verletzung nicht aufgeben, sondern immer wieder die Herausforderung annehmen und auf Streife gehen.

Danke für viele Jahre gemeinsamen Dienstes, der Kameradschaft, gemeinsames Bewältigen von schwierigen Einsätzen, Rückendeckung in brenzligen Situationen, Rat und Hilfe nicht nur in dienstlichen Angelegenheiten.

Ihr seid super!

Persönliches Vorwort

In diesem Buch erzähle ich …

… aus meinem Leben, meinem Leben als überzeugter Christ im Polizeiberuf.

… von meinen teils kuriosen Erlebnissen auf der Straße während vieler Einsätze.

… von meiner Praxiserfahrung und damit verbundener sensibleren Wahrnehmung, meinem geistlichem Wachstum und meiner größer werdenden Begeisterung meines Glaubens an Jesus Christus.

… über Zusammenhänge zwischen polizeilicher Ermittlungen oder Gefahrensituationen und Prinzipien des biblischen Glaubens.

… von der verändernden Macht des Gebetes und den praktischen Auswirkungen auf Ermittlungsvorgänge, gesellschaftliche Einflüsse und das Leben von Menschen.

Es sind echte Begebenheiten die das Leben schrieb, die kaum vorstellbar sind oder unwahrscheinlich klingen. Lustig, komisch, unglaublich, wissenschaftlich nicht belegbar oder umstritten sind. Traurig, bedrückend, aber auch frohmachend, wenn man die positive Veränderung im Leben von Menschen sah.

Ich habe Höhen und Tiefen von Menschen gesehen, in seelische Abgründe und fürchterliche Schicksale geblickt. Vom kleinen unschuldigen Kind bis zum brutalen Berufsverbrecher habe ich sie alle kennengelernt. Dinge, die in keinem Krimi vorkommen, aber dennoch immer wieder passieren.

Ich war die meiste Zeit meiner Dienstzeit auf der Straße. Da fühlte ich mich wohl, da gehörte ich hin. Ganz nah am Geschehen dran, möglichst der Erste, der am Einsatzort ankommt. Dort draußen pulsierte das Leben mit seinen positiven und negativen Seiten.
Da gehörte ich als Christ hin – an die „Front",
da wurde ich - da wurde das Gebet gebraucht.

Dienstlicher Hintergrund:

Natürlich kann ich hier nicht alles immer ganz genau wiedergeben, da Personen noch leben, dienstliche Belange oder Verfahrensweisen niemanden etwas angehen, auch wenn sie manchmal interessant wären. Viele Einsätze kann ich gar nicht erzählen, weil sie zu schrecklich sind. Bilder die sich in meine Seele gebrannt haben, an denen ich wochenlang kaute, ohne sie loszuwerden. Erst durch Gebet und Gespräch mit meiner Frau verloren sie ihren Schrecken, sind aber bis heute präsent.

Namen, Örtlichkeiten, Funkrufnamen und andere Details habe ich verändert, um größtmögliche Anonymität und Datenschutz zu gewährleisten; aber trotzdem noch die Geschichten spannend, lebendig und wahrheitsgetreu erzählen zu können.
Die Erlebnisse gebe ich wieder, wie ich sie in Erinnerung habe. Während meiner Dienstzeit habe ich (leider) kein Tagebuch geführt. Ich hätte es tun sollen. Aber viele Dinge und Details sind hängengeblieben.

Ich trat im November 2017 nach über 40 Dienstjahren in den Ruhestand und bin Gott dankbar, daß ich das erleben durfte. Es ist nicht selbstverständlich, vor allem, wenn man kurz vorher eine schwere Gehirnblutung bekommt und die Ärzte einem noch zwei Tage zu leben geben. Auch hier war die Macht des Gebetes der Ausschlag, daß ich überlebte, zwei Wunder erlebte, ich nach langer Krankheitsphase wieder

Dienst machen konnte (leider nur Innendienst) und dann mit 60 offiziell in den Ruhestand verabschiedet wurde.
Ausführlich beschreibe ich diese Phase meines Lebens in meinem ersten Buch, „Apostelgeschichte 29". Details am Schluß dieses Buches.

Ich habe sicherlich nicht alles richtig gemacht, war auf viele Szenarien in der Ausbildung (1976 – 1979) nicht vorbereitet worden, obwohl diese wirklich gut war. Im Lauf der Dienstzeit war man plötzlich mit einer Situation konfrontiert, die man so noch nie erlebt hatte, keine Ahnung hatte, was zu tun war und trotzdem eine Lösung her mußte. Ich war oft gezwungen zu improvisieren, unübliche Methoden anzuwenden, um die Lage zu meistern. Immer im gesetzlichen Rahmen und immer nach pflichtgemäßem Ermessen. Hinterher dachte ich mir oft: „wie bist du denn da draufgekommen!"

Ich war nicht perfekt (und bin es leider immer noch nicht), habe Fehler gemacht, mich gegenüber Kollegen manchmal falsch verhalten und sie dadurch verärgert oder verletzt. An der Stelle sei noch einmal gesagt: „Es tut mir leid, ich bitte Euch um Entschuldigung."

Über viele Jahre gab es nur Männer bei der Polizei, die Mädels kamen erst später. Sie haben das Polizeiklima nachhaltig verändert, die Männerdomäne durchbrochen, viele Bereiche für uns Jungs einfacher gemacht und manche schwieriger. Viele Kolleginnen waren absolut super, auch in schwierigen Einsätzen, andere weniger.

Der Einfachheit halber werde ich im Buch nur von „Kollegen" oder „Polizisten" schreiben, auch wenn Kolleginnen mit beteiligt waren.
Sollte es im Einzelfall nötig sein, werde ich es extra erwähnen.
Man möge es mir nachsehen.

Diese Formulierungsweise stellt meinerseits keineswegs eine Herabwürdigung ihrer Person oder Weiblichkeit dar, es ist auch kein „Macho-Gehabe", es ist einfach nur einfacher zu schreiben und zu lesen.

Für mich sind Begriffe wie Kollege, Bürger, Polizist, u.ä. geschlechtsneutral, auch wenn es teilweise anders gesehen wird. Aber darüber lässt sich ja bekanntlich streiten.

Persönlicher Hintergrund:

Ich leite zusammen mit meiner Frau Andra eine evangelische Freikirche in Bamberg, die „Jesus Gemeinde Bamberg". (www.jesus-gemeinde.de)

Wir sind seit mehr als 25 Jahren die Pastoren und Leiter dieser Gemeinde und ich habe in all den Jahren die Unterstützung und die begleitenden Gebete von Glaubensgeschwistern erlebt. Auch meine Eltern und leiblichen Geschwister haben mich all die Jahre im Gebet begleitet.

Vielen Dank dafür – ihr seid wahre Helden.

Andra war und ist meine Stütze, mein Ratgeber, Motivator, Bremser wenn ich zu schnell war/bin, Gasgeber wenn ich zu langsam war/bin, die Schulter an der ich mich ausweinen konnte, und noch viel mehr. Ohne sie wäre meine Zeit auf den Straßen um ein Vielfaches schwerer gewesen.

Sie ist ein Geschenk Gottes für mein Leben, eine treue Begleiterin an meiner Seite.

Gesegnet ist der Mann mit solch einer Frau an seiner Seite! Und das bin ich!

In vielen Predigten habe ich Beispiele aus meinem Polizeialltag erzählt, ich habe die Gemeinde für viele Sachen um Unterstützung mit Gebet gebeten, mit zum Teil prompten und durchschlagenden Erfolgen. Aber unter Wahrung des Dienstgeheimnisses! Claro.

Ich schreibe dieses Buch auch, weil ich immer wieder über meine Erlebnisse im Dienst gefragt werde, auch gerade von jungen Menschen.

Weil ich auch in vielen Gesprächen mit Kollegen und Pastoren anderer Gemeinden im In- und Ausland festgestellt habe, daß sie noch wenig über den Zusammenhang von Gesellschaft, Polizei, Gemeinde, Gebet und geistlicher Autorität kennen. Vielleicht kann ich diese Thematik ein wenig aufhellen, anheizen und zum Nachmachen motivieren.

Und „last not least" aus Dankbarkeit, weil Jesus mich durch meine gesamte Polizeizeit begleitet, geführt und bewahrt hat. ER hat mich getröstet, wenn es meiner Seele nicht mehr gut ging. ER hat sich mit mir über dienstliche Erfolge gefreut. ER hat mir vergeben, wenn ich Fehler machte oder zu feige oder bequem war, von IHM zu erzählen.

Danke Jesus für viel Spaß, Gelingen und unzählige Begegnungen mit Menschen in meiner Zeit als Gendarm*.
(mit * gekennzeichnete Begriffe werden am Ende des Buches im „kleinen Sprachführer" erklärt)

Jesus - es ist so gut, DICH im Leben zu haben.

Jesus gehört aller Dank und alle Ehre!

Es geht um IHN, nicht um mich, wie gut ich als Gendarm war. Jesus ist der Retter, Heiler, Tröster und Befreier, nicht ich.
Ich konnte vielen Menschen in ihrer großen Not Beistand,

Trost und Hilfe geben – durch Jesus.

Viele Diensthemden mußten in die Wäsche, weil Männer, wie Frauen, sich an meiner Schulter, in meinem Arm den Schmerz der Seele aus dem Leib weinten. Aber es war die Hemdwäsche wert.

Es ist kein Lehrbuch „wie werde ich ein guter Polli* oder guter Christ", es ist lediglich ein Streifzug durch mein Leben als „Jesusfreak" im Polizeidienst!

Mit einem Wort:

Mit Jesus auf Streife!

Achtung, Achtung!
Hier spricht die Polizei!
(bzw. der Günther)

Günther und Andra Kunstmann
© Bamberg 2018

Vorwort von Raul N. Reyes / Argentinien

Für mich ist einer der Berufe, die am stärksten mit Jesus verbunden sind, der: Polizist zu sein!
Weil die Leute, wenn sie dich nicht brauchen, dich ignorieren; aber wenn sie ein Problem oder eine sonstige Not haben, suchen sie dich sofort oder rufen nach dir und dann, in nur einem Augenblick, ist das Ignorieren oder Suchen vorbei, so wie wir es viele Male auch mit Jesus machen.

Außerdem hat der Polizist die Pflicht zu reagieren und darüber hinaus muß er bereit sein, sein Leben zu geben, falls es für den Nächsten notwendig ist.

Es gibt eine Schriftstelle in der Bibel, die mir als Pastor und Polizist während meiner 31-jährigen Dienstzeit gedient hat:

„Denn sie (die Obrigkeit) *ist Gottes Dienerin, dir zugute.*
Tust du aber Böses, so fürchte dich;
denn sie trägt das Schwert nicht umsonst.
Sie ist Gottes Dienerin
und vollzieht die Strafe an dem, der Böses tut".
(Römer 13:4)

Jedesmal, wenn ein Polizist aus seinem Haus zum Arbeiten geht, weiß er nie wirklich, was an diesem Tag geschehen wird und er braucht viel Hilfe von Gott, um den täglichen Problemen seines Berufes gegenüberzustehen.
Unfälle, Raubüberfälle, grausame Mißbrauchsfälle, Betrüger, Landstreicher, Personen, die zuviel getrunken haben und total verrückte Sachen machen; das alles ist das Alltägliche.
Und dieser Zustand zwingt uns Waffe, Funk und Schußweste zu tragen, um uns zu schützen und zumindest gewisse Garantien zu haben.
Aber was können wir machen, um unser Herz zu schützen?
Wir sind so nahe an der Grenze zwischen dem Guten und

dem Schlechten und der Macht verführt zu werden und den falschen Weg zu nehmen, deswegen braucht jeder einzelne von uns Polizisten, eine Führung, um sich richtig zu bewegen, in Gerechtigkeit und Geradlinigkeit zu handeln. Das ist nur mit Jesus möglich, um unsere Seele und unsere Uniform nicht zu beschmutzen.

Kehren wir auf´s Neue zurück, um Römer 13:4 zu lesen und wir werden sehen, daß die Schrift sagt, daß „ein Polizist ein Diener Gottes ist, um das Böse zu bestrafen".

Deshalb ist dieses, von einem Kollegen und Freund, der nicht nur Pastor, sondern auch Polizist ist, geschriebene Buch, ein Segen für den Leib Christi; hauptsächlich jedoch für die Millionen von Polizisten in der ganzen Welt, die jeden Tag auf unseren Straßen patrouillieren, unserem Gott dienend.

Als Pastor Günther Kunstmann mir seinen Wunsch, dieses Buch zu schreiben und alles über den Titel „Mit Jesus auf Streife" erzählt hat, wußte ich, daß es ein großer Segen für den Leib Christi sein wird, wie die Schrift sagt:

„Denn das ängstliche Harren der Kreatur wartet darauf,
daß die Kinder Gottes offenbar werden.
Die Schöpfung ist ja unterworfen der Vergänglichkeit
ohne ihren Willen, sondern durch den,
der sie unterworfen hat , doch auf Hoffnung;
denn auch die Schöpfung wird frei werden
von der Knechtschaft der Vergänglichkeit
zu der herrlichen Freiheit der Kinder Gottes.
Denn wir wissen, daß die ganze Schöpfung
bis zu diesem Augenblick seufzt und in Wehen liegt.

Nicht allein aber sie, sondern auch wir selbst,
die wir den Geist als Erstlingsgabe haben,
seufzen in uns selbst
und sehnen uns nach der Kindschaft,
der Erlösung unseres Leibes".
(Römer 8:19-23)

Die ganze Natur wartet sehnsüchtig auf die Manifestation der Söhne/Töchter Gottes, desgleichen auch unsere Städte, sie warten sehnsüchtig auf die glorreiche Manifestation der Diener Gottes, die das Schwert tragen.

Das Wunderbare an diesem Buch „Mit Jesus auf Streife" ist, daß es uns sehen läßt, wie wir unserem Gott auf zwei Ebenen, im Natürlichen und im Übernatürlichen, dienen können.
Dieses Buch ist voll von Zeugnissen der gewaltigen Macht des Gebets und der Fürbitte, vereinigt in unserem Beruf, damit sich unsere Städte verändern und von der Herrlichkeit unseres Herrn (Jesus Christus) bedeckt sind.

Apostel Raul Nicolas Reyes
Polizei-Sozial-Psychologe
Sub Comisario a.D.
Polizei der Provinz Buenos Aires
Argentinien

Vorwort von Fred Lambert / Österreich

Ich habe gerade das Buch "Mit Jesus auf Streife" von meinem guten Freund Günther Kunstmann fertig gelesen. Was für ein Genuß! Was für ein ermutigendes Buch! Was für ein powervolles Buch! Es ist ein großartiges Buch für jeden, Gläubige, Suchende und Nichtgläubige gleichermaßen.
Günther´s 41+ Dienstjahre bei der Polizei waren voll von Gefahren, Spannung und manchmal Leid. Aber sie waren auch voll von Abenteuern, Heldentum, Humor und Hoffnung. Seine humorvolle und natürliche Art zu schreiben, wird Dich zum Lachen bringen und Dein Herz erwärmen. Die Geschichten, die er erzählt sind unterhaltsam, aber werden Dich auch ermutigen und Dich einiges über die wichtigsten Lektionen des Lebens lehren. Vergebung, Leidenschaft und Verständnis füllen diese Seiten, weil es das Herz des Mannes erfüllt hat, der sie geschrieben hat.

Meine Frau Judy und ich sind nun schon einige Jahre mit Günther und seiner Frau Andra befreundet. Wir sind Kollegen und Kameraden/Mitstreiter im christlichen Dienst.

Judy und ich sind Pastoren der Freien Christengemeinde in Wels / Österreich und Direktoren des "RHEMA Bible Training College Österreich", das die größte, freikirchliche Bibelschule Österreich´s ist.

Günther und Andra sind Pastoren einer wunderbaren Gemeinde, der "Jesus Gemeinde Bamberg". Wir haben uns vor Jahren auf einer Konferenz in Deutschland kennengelernt. Über die Jahre ist eine echte und bedeutsame Freundschaft entstanden. Ihr Glaube ist nicht religiös, muffig oder langweilig – er ist authentisch, lebendig und powervoll.

Günther wuchs in einer christlichen Familie auf und es war immer sein sehnlicher Wunsch, für Jesus zu leben und das zu tun, was Gott von ihm wollte. Das mag einige Leute überraschen, aber dieses von Herzen kommende Verlangen, Gottes Willen zu tun, führte ihn dazu, einen Beruf als Gesetzeshüter zu wählen. Diese Entscheidung war aus vielen Gründen nicht einfach. Zu der Zeit, als er sich entschloß Polizist zu werden, waren die Zeiten turbulent, und viele Leute in seinem Alter waren gegen die Gesellschaft und gegen die Polizei. Die Polizei wurde verhöhnt, verspottet und kritisiert durch Anarchisten, durch die freie Liebe-, Flower-Power- und Hippie-Generation.

Eine andere Herausforderung war, daß einige Christen glaubten, Gesetzeshüter sei ein absolut unakzeptabler Beruf für einen Gläubigen. Sie glaubten irgendwie, Christen müßten Pazifisten sein. Ihrer Meinung nach sollte ein Christ keine Waffe tragen, geschweige denn diese gebrauchen. Weil das eben ein Polizist tun mußte, konnte es nicht der richtige Beruf für einen Gläubigen sein. Diese Gedanken beschäftigten Günther und er brachte dieses Thema im Gebet zu Gott. Gott offenbarte ihm durch die Bibel, daß Gesetzeshüter tatsächlich ein Amt und eine Berufung ist, das Gott selbst zum Wohl der Menschheit eingerichtet hat. Im Kapitel 13 des Römerbriefes sah Günther, wie der Apostel Paulus die Gesetzeshüter „Gottes Diener" nennt. Verschiedene andere Schriftstellen kamen zum Vorschein und nachdem er diese Zusammenhänge gesehen hatte, traf Günther seine Entscheidung, die dann letztendlich auch zu diesem Buch führte.

Er schreibt: "Die Entscheidung war gereift, durchgebetet, von Gott bestätigt worden und dank der liebevollen Unterstützung meiner Eltern auch in die Tat umgesetzt worden. Ich war bei der bayerischen Gendarmerie! Ich wußte, ich bin richtig. Ich gehöre zur „Dienerin Gottes", einem Werkzeug Gottes."

Er lebte unerschrocken seinen Glauben an Jesus als Polizeibeamter. Dies führte auch zu einigen sehr interessanten und einzigartigen Erfahrungen.

Du wirst Berichte lesen, wie z.B. "U-903 auf Feindfahrt" oder "Die nackte Nonne".

Beide werden Dich sowohl unterhalten, als auch durch den Humor des Mannes und die Weisheit Gottes in Erstaunen versetzen.

Du wirst über die Kraft des Gebetes lesen und wie es eine "Unfallserie beendete". Besser noch, Du wirst lernen, wie Du die gleichen Prinzipien gebrauchen kannst, um Gebetspower in Dein Leben zu bringen. Es wird Veränderung und Segen zu Dir, Deiner Familie und Deiner Stadt bringen.

Seine Polizeilaufbahn half ihm, besser zu verstehen, was es heißt in der Autorität von Jesus Christus zu handeln. Günther erläutert, daß der Polizei Autorität anvertraut wurde, um die Gesetze im Land durchzusetzen. Es wurde ihnen Ausbildung, Uniform, Ausrüstung und Waffen gegeben, um ihre Pflichten zu erfüllen. Genauso hat Jesus Christus uns Autorität gegeben, Ausbildung, Rüstung und Waffen, um in seinem Namen auf der Erde zu handeln. Wir sind berufen, seinen Sieg in dieser Welt durchzusetzen. Wir sind berufen, die Macht des Feindes zu brechen, die Werke des Teufels zu zerstören, Kranke zu heilen und Gebundene freizusetzen in dem mächtigen Namen Jesus.
Günther schreibt dazu: "Jesus hat uns autorisiert, in seinem Namen Dinge zu tun. Zu den Problemen und Krankheiten zu sprechen, um es zu ändern."
Das Buch ist voll von wahren Berichten, wie das alles in seinem Beruf zustande kam.

Einer meiner Lieblingsaspekte in diesem Buch ist die Ehrlichkeit, in der Günther es geschrieben ist. Er versteckt seine Fehler nicht oder die Ängste, die er zuerst hatte. Er macht sich selbst nicht zum Helden der Geschichte. Er erzählt die Dinge mit seinen eigenen Worten, wie sie wirklich geschahen. Er stellt klar, daß Gott die ganze Zeit sein Helfer war. Seine Motive in diesem Buch sind nicht, zu beeindrucken oder den Leser mit großen Geschichten zu erstaunen. Auch geht es nicht darum, seine Berufswahl zu verteidigen. Sein Motiv ist es, den Leuten zu helfen, daß sie sehen können, wie Gott ihnen in jedem Bereich ihres Lebens helfen will. Ungeachtet wer sie sind oder welchen Beruf sie gewählt haben. Gott beschützt, befreit, heilt, beantwortet Gebet, versorgt, Weisheit gibt und, das Wichtigste von allem, er rettet alle, die seinen Namen anrufen.

Du wirst jetzt dieses Buch genießen. Ich glaube, wenn Du am Ende angekommen bist, wirst Du ermutigt und bereit sein aufzustehen und den Sieg Jesu in Deinem Leben und Deiner eigenen Welt durchzusetzen.

Gott segne Dich

Pastor Fred Lambert
Freie Christengemeinde Wels, Österreich / 08.06.18

Inhaltsverzeichnis

Schwerverbrecher flüchtig!

„Hier Markus 2, Markus 2 an alle:
Ausgebrochener Schwerverbrecher hat sich in einer Hütte am Fuß des Kogelberges, Südseite, verschanzt.
Er ist schwer bewaffnet und macht rücksichtslos von der Schußwaffe Gebrauch. Er hat angekündigt, sich nicht wieder festnehmen zu lassen, eher sterbe er lieber im Kugelhagel der Polizei. Alle Streifen zum Kogelberg, Gelände umstellen, weiteres folgt! Auf Eigensicherung achten!
Streifen mit Schußwesten und schweren Waffen kommen von der Dienststelle!"

Der Funkspruch der Einsatzzentrale riß meinen Kollegen und mich aus dem gemütlichen Gespräch. Es war bislang nicht viel los gewesen auf der Streife. Die üblichen Überprüfungen, Verkehrskontrollen etc.

Mit einem Schlag waren wir in einer brenzligen Situation. Wir waren nicht weit weg von der genannten Örtlichkeit. So was hatte ich als junger Potzer* noch nicht gehabt.
Ok, in der Ausbildung lernten wir Eigensicherung, Umgang mit der Pistole und dem Gewehr. Aber jetzt hatten wir nur die Pistolen dabei.
Walther PP, Kaliber 6.35, auch „Polizei-Anklopfer" genannt. Man konnte den Gegenüber treffen, ohne sichtbaren Erfolg und daß der Getroffene eine große Regung zeigte.
Das war alles andere als eine ausreichende Bewaffnung.

Schußwesten gab es nur ein paar in der Dienststelle. Die persönlichen Schutzwesten kamen erst Jahre später. Die in der Dienstelle waren ewig schwere und unhandliche „Stahlplatten-Westen", wo du in die Knie gingst, wenn du sie anlegen mußtest. Aber besser wie nix und besser als tot.

In der Dienstelle lagerten auch die Gewehre und die Munition für das „G 3, Kaliber 7.62", an denen waren wir ausgebildet.
Da sie im regulären Streifendienst nicht dabei waren, mußte alles zusammengepackt und zum Einsatzort gebracht werden.
Ob wir damals schon die Maschinenpistole MP 5 standardmäßig hatten, weiß ich nicht mehr.

Wir quittierten über Funk den Einsatz und machten uns auf den Weg.
Es wurde still im Streifenwagen, jeder hing seinen Gedanken nach. „Was würde werden? Was erwartet uns? Kommen wir heil nach Hause? Kriegen wir den Kerl?"

Fragen über Fragen, aber keine Antworten. Es war ätzend und verursachte ganz schön Stress.
Vor allem bei einem blutjungen Polizisten wie mir. Meine Güte! Die Ausbildung gerade fertig und dann gleich in die Vollen.
Mein Bärentreiber sagte fast nichts, außer: „Bleib ruhig, das kriegen wir schon."

Ach so, Du weißt ja nicht, was ein „Bärentreiber" ist.
Klar, is`alter Polli-Jargon*.

Das war ein altgedienter, erfahrener Kollege, der einen „Jungen" unter die Fittiche nahm und ihm dabei half, nach der überwiegend theoretischen Ausbildung die Polizeipraxis zu lernen.
Er wies einen in den Dienstbereich ein, erklärte die dienstlichen Anforderungen und Besonderheiten, wußte wo es die besten und günstigsten Brotzeiten gab, wo die Ganoven verkehrten und vieles mehr.
Er war unabdingbar für das Einleben in einer Dienststelle.

Heute ist die Ausbildung schon stark praxisorientiert, mit verschiedenen Praktika. Auch im Unterricht lernt man viel für die Praxis. Wir hatten das damals nicht so.
Und man hat einen Praxisbegleiter. Sag ich doch –
einen Bärentreiber!

Der Ton und die Formulierungen in den späten Siebzigern waren bei uns noch etwas rauh, teilweise waren sie noch aus dem Wehrmachtswortschatz oder schon früher, ohne gleich irgendein dummes nationalsozialistisches Gedankengut zu verherrlichen oder damit zu verbinden.

Der Begriff war halt so und hält sich bis heute. Es war/ist nicht beleidigend oder abfällig. Es war im Gegenteil eine Auszeichnung und Ehre, ein Vertrauensbeweis vom Chef, wenn man zum Bärentreiber für einen jungen Kollegen „ernannt" wurde. Und wir schauten ehrfurchtsvoll zu ihm auf. Er wußte alles (fast), war routiniert, jeder Situation gewachsen und wie ein Vater.

Es gab auch schon mal einen gewaltigen Anschiß, eine Kopfnuß oder andere Zurechtweisungen. Aber das war ok, man wollte ja lernen und auch eines Tages von einem „Jungen" angehimmelt werden. Man durfte nicht mimos oder zu sensibel sein, dann war man für diesen Beruf ungeeignet.

Die Ausbildung in der Bayerischen Bereitschaftspolizei der 60er und 70er Jahre war teilweise halbmilitärisch. Wir lernten noch Handgranaten werfen, mit dem alten Maschinengewehr MG 42 zu schießen. Man wußte ja nie!

Die alten Kollegen können noch ein Lied davon singen.
„Ein Lied, zwo-drei-vier: O-oh du schön-öner Westerwald..."

Genug der Erinnerungen, zurück zum Einsatz.

Mehr und mehr Streifen meldeten sich über Funk, die Schlinge um den Kogelberg zog sich enger und enger zu und damit um den Schwerverbrecher. Er wurde mehr und mehr in die Enge gedrängt und wahrscheinlich damit immer mehr in die finale Verzweiflung. Es gab noch keine Spezialkräfte, keine Verhandlungsgruppe, es mußten die Männer der Streife lösen.

Wir hingen unseren Gedanken nach und plötzlich hatte ich einen Einfall: Ich könnte ja mal beten! Ich war ja schließlich Christ!
Und es fiel mir gleich darauf eine Bibelstelle ein.

„ … rufe mich an in der Not, so will ich dich erretten,
und du sollst mich preisen.“
Psalm 50 / 15

Wamm! Das donnerte rein. Es berührte mich sofort und ich wußte: Gott hatte zu mir gesprochen.
Wie aus heiterem Himmel (irgendwie passend oder?) war mir diese Bibelstelle in den Sinn gekommen.
Und das Normalste und Naheliegendste war mir nicht eingefallen.
BETEN!

Ich war vielleicht ein Pfiffer*!

Also ich gleich mal in Gedanken gebetet. Weil laut beten traute ich mich ja nicht. Ich wollte gegenüber von meinem Bärentreiber keine Schwäche zeigen. (So dachte ich damals, daß andere so was über mich denken würden).

„Gott, greife bitte ein und mach, daß wir nicht schießen oder kämpfen müssen. Laß ihn sich ergeben! Amen“.

Besser wußte ich nicht zu beten.

26

Das war wirklich kühn gebetet und schier unmöglich. Er hatte es ja angekündigt, daß er nicht aufgibt. Und da kommt so ein Jungspund und meint, daß beten hilft.

Und siehe da – es tut helfen – und zwar sogar gut.

Kurze Zeit später kam wieder unsere Einsatzzentrale über Funk:
„Hier Markus 2, hier Markus 2! Anfahrt abbrechen, Einsatz beendet! Täter hat sich soeben ergeben und widerstandslos festnehmen lassen. Vielzahl von scharfen Waffen sichergestellt".

Ich war baff! So schnell und nicht wirklich erwartet. Gott hatte mich überrascht und mir gezeigt, daß es besser wäre ihm zu vertrauen. Daß alles möglich ist für ihn. ER hatte es getan, obwohl ich nicht wirklich an mein eigenes Gebet geglaubt hatte.

Und das Ende vom Lied?
- Situation geklärt
- niemand verletzt
- Täter wieder festgenommen und sicher eingesperrt
- das Wort Gottes hatte sich als wahr erwiesen
- Gott steht zu seinem Wort
- wir können und sollen IHN beim Wort nehmen
- mein Glaube und Vertrauen war gestärkt
- eine der ersten Erfahrungen mit Polizei und Gebet
- alles gut!

Apropos Wort Gottes:
Ich habe ja vorhin den Psalm 50 / 15 zitiert. Der Vers spricht ja nicht nur über die Hilfe und Rettung in der Not, sondern der Schluß lautet: „… und Du sollst mich preisen".

Das wird oft vergessen. In der Not rufen oder beten viele Menschen zu Gott. ER hilft und rettet gemäß seinem Wort und Versprechen, aber dann vergessen die Leutchen oft den Schluß, nämlich Danke zu sagen und IHN zu preisen.

Preisen heißt nicht leise ein „Danke" in sich reinzumurmeln, sondern es hat etwas mit „anpreisen", „bekanntmachen", „laut rufen" zu tun.
Es begeistert mich, ich will es anderen erzählen. Ich will auf den hinweisen, der es gerade super gut gelöst hat. Auf Gott, den einzig wahren Gott, den Vater unseres Herrn Jesus Christus. Den Gott der Bibel. Das meint der Schluß vom Vers 15 in diesem Psalm 50.

Ach übrigens, hast Du gewußt, daß diese Bibelstelle die Notrufnummer Gottes ist, bzw. so genannt wird?

Den Notruf der Polizei kennen wir alle, lernen ihn schon im Kindergarten auswendig. Wenn Du die 110 wählst/drückst, dann kommst Du 100% bei der Polizei raus. Da ist jemand am anderen Ende der Leitung der zuhört, der sich in Sachen „Helfen" auskennt und anfängt, Deine Hilfe zu organisieren.

Ich war viele Jahre in einer Einsatzzentrale, in der die Notrufe aufliefen und die ersten Maßnahmen zur Hilfe entschieden und angeleiert wurden.
„Notruf – Polizei" - das hab ich tausende Male gesagt und dann zugehört, wo´s brennt und zwickt. „Herr Wachtmeister – ich hätte da mal ein Problem". Und dann habe ich adäquate Hilfe arrangiert. Ich kenn´ mich aus damit. Frage nicht, was das teilweise für Action war, diese Hilfe zu organisieren.
Mamma mia!

Wenn Du Psalm 50/15 „anrufst", kommst Du 100%ig bei Gott raus. Super – oder? Auch ER kennt sich aus und wird aktiv. In SEINER Art. Mit SEINEN Möglichkeiten und Ressourcen. Die wir allerdings manchmal nicht verstehen, aber da kommt es letztlich nicht drauf an. Verstehst du bei der Polizei auch nicht. Ist dir eigentlich auch wurscht, Hauptsache Hilfe kommt – oder? Du vertraust auf die Potzger*.

Die Situation war zwar nun bereinigt, aber ich muß gestehen, daß ich kein gutes Beispiel gewesen war. Ich hatte meinem Kollegen nicht erzählt, daß ich beten werde. Ich hatte mich nicht getraut. Was für ein Jammer. Was wäre das für eine Bestätigung für Jesus gewesen! Aber so? Gelegenheit verpaßt! Im Nachhinein kann ja jeder irgendwas behaupten.

Ich pries zwar Gott für sein Eingreifen und Handeln, zwar auch nur innerlich, aber für das Andere mußte ich IHN um Vergebung bitten; meine Feigheit, meine Angst vor der Meinung des Kollegen und die vertane Gelegenheit für IHN. Und ER hat mir vergeben – welche Erleichterung.

Is´ses Dir auch schon mal so gegangen? Gekniffen, zu scheu? Schreib´s hier auf, bete um Vergebung und um neue Chancen. Jesus gibt sie. Dann hake Deine Notiz ab. Erledigt! It´s done!

Berufswahl „Polizei" oder nicht

Eine Entscheidung für´s Leben

Mitte der 70er stellte sich für mich die Frage des Berufes. Das war neben der Partnerfrage die 1 Million Euro (damals waren`s ja noch Deutsche Mark) Frage. Wir waren nicht so drauf, daß man ewig rumexperimentieren könne, mal dies probieren, mal jenes, man kann ja wieder wechseln, man hat ´s ja nicht eilig im Leben.

Ich bin in einer Familie aufgewachsen wo ich sehr gut in meinem Wachstum und den Entscheidungen begleitet wurde. Meine Eltern und damit auch wir als Kinder (wir sind drei) waren in einer evangelischen Freikirche.
Wir liebten die Gemeinschaft mit anderen Menschen, die Jesus und sein Wort liebten.

Es war mir frühzeitig klar, praktisch bekam ich es schon mit der Muttermilch, daß Gott existiert, ER der Schöpfer von allem ist, sein Sohn Jesus für mich gestorben war, damit ich eines Tages in den Himmel zu IHM käme, SEINE Macht keine Grenzen kennt.

Mit 13 Jahren traf ich eine ganz bewußte Entscheidung für ein Leben mit Jesus. Es wurde mir zu dem Zeitpunkt klar, daß es nicht genügt, von Gott oder Jesus zu wissen, oder damit übereinzustimmen. Gott wollte mein eigenes, bewußtes OK. Er wollte mit mir eine abenteuerliche Lebensreise beginnen, aber nur wenn ich es wollte. Es war meine Entscheidung.

Und ich wollte!

Also betete ich:

„Herr Jesus- ich glaube an Dich, Du bist der Sohn Gottes, Du bist für mich gestorben, vergib mir meine Sünden, sei mein Herr. Ich will mit Dir leben".

So einfach war das. Eine klare Entscheidung mit meinem eigenen Willen. Nicht von meinen Eltern oder anderen Leuten. Jesus und ich – nur wir zwei. Wie eine Blutsbrüderschaft. War nur einseitig, das mit dem Blut, aber so ähnlich immerhin, es war trotzdem eine Blutsbrüderschaft.

Und Jesus hat mich nie im Stich gelassen, diese Blutsbrüderschaft hält nun schon seit 1970! Wow.

ER hat mich durch Höhen und Tiefen meines Lebens begleitet, durch dick und dünn. ER war trotzdem treu und da, als ich Phasen hatte, wo ich nicht so sehr an IHM und seiner Meinung interessiert war. ER hat mich bewahrt, geführt, gehalten, gewarnt, aber auch laufen lassen, weil ich es unbedingt wollte und meinte es besser zu wissen.
Und SEINE Liebe und meine Entscheidung für IHN hat mich immer umfaßt wie ein Schutzzaun, der mich vor dem großen Absturz oder Verlaufen bewahrt hat.

Und diese Entscheidung für Jesus war auch die Grundlage für meine Berufswahl. Es war mir klar, ich wollte das werden, was ER für mich hatte. Es ging mir nicht um Selbstverwirklichung, Karriere oder Kohle* scheffeln, es ging mir darum, daß ich Gott auch mit meinem Beruf dienen wollte.

Ich überlegte in zwei verschiedene Richtungen, checkte und wägte ab und konnte mich nicht entscheiden. Beides schien gut, solide, reizvoll; konnte ich mir vorstellen.

32

Aber ich hatte seit längerer Zeit das regelmäßige ernsthafte Gebet:
„Jesus zeige mir, welchen Beruf ich machen und welche Frau ich heiraten soll".

Und ER zeigte es mir. Plötzlich hatte ich durch einen aufgeschnappten Satz von einem Schulkollegen „die Polizei" auf dem Schirm. Es ließ mich nicht mehr los. Meine Gedanken drehten sich um die Polizei, ich träumte sogar davon. (Es waren keine Albträume, weil ich was ausgefressen hatte!) Das war sehr sonderbar. Es war, als hätte jemand eine Präsentations-CD in meinem Kopf eingeschaltet. Und die war klasse. Die war echt gut. Ich erwärmte mich mehr und mehr für diesen Beruf. Ich besprach es ausführlich mit meinen Eltern, bat um ihre ehrliche Einschätzung und letztendlich brachten wir das Bewerbungsverfahren auf den Weg.
In dieser Zeit stieß ich aber auch auf viel Widerstand.

Es war ja so die Zeit der späten 68er, die Auflehnung gegen das Establishment, staatliche Ordnung, Rebellion gegen alles was nach Autorität roch, Vietnamkrieg und die Demos dagegen, erste Widerstände gegen Atomkraft, Flower-Power, Rockergangs, Drogen, Hippies, antiautoritäre Erziehung, Wehrdienstverweigerung und ähnliche Sachen.
Die Gesellschaft und das Denken war in Bewegung geraten. Es war ein Geist von Auflehnung und Rebellion über das Land gekommen.

Auch in christlichen Kreisen war vieles in Bewegung gekommen. Wehrdienstverweigerung und Ersatzdienst waren in, wer als Christ zur Bundeswehr ging, wurde schon schief angesehen. Soziale Berufe waren gefragt.

Als ich meine Überlegungen verlauten ließ, zur Polizei zu gehen, hatte ich oft einen schweren Stand. „Wie kannst Du einen Beruf machen, wo du eine Waffe tragen mußt?" oder „Was ist, wenn Du schießen mußt" und ähnliche Argumente.

Tenor dieser Schiene war letztendlich: als Christ geht man nicht zur Polizei, man dient nicht der Durchsetzung der staatlichen Ordnung, die Obrigkeit ist der Feind, man kämpft dagegen.

Aber in mir war etwas gereift. Eine Überzeugung, das Richtige zu tun. Und ich hatte eine große Ruhe, Frieden und Freude bei der Vorstellung, als Polizist zu arbeiten und ich fand mehr und mehr Argumente für diesen Beruf, auch oder gerade als überzeugter Christ. Ich sah mich schon als richtigen Gendarm.

- ich bin kein schießwütiger Sheriff, der jeden abknallt!
- ich sorge für Schutz und Sicherheit!
- ich bin der Schutzmann!
- ich kann und muß auch in diesem Beruf Jesus repräsentieren, wer macht´s denn sonst!
- Es ist ein biblischer Beruf, von Gott gewollt!
- Hä? wie bitte? Nicht ganz knusper oder was!

In der Zeit meiner persönlichen Auseinandersetzung mit dieser Problematik hatte ich immer wieder um Klarheit gebetet und um Bestätigung aus dem Wort Gottes. Und Gott zeigte es mir in der Bibel:

„Jedermann sei untertan der Obrigkeit,
die Gewalt über ihn hat.
Denn es ist keine Obrigkeit außer von Gott;
wo aber Obrigkeit ist, ist sie von Gott angeordnet.
Darum: Wer sich der Obrigkeit widersetzt,
der widerstrebt Gottes Anordnung;
die ihr aber widerstreben, werden ihr Urteil empfangen.
Denn die Gewalt haben,
muß man nicht fürchten wegen guter,
sondern wegen böser Werke.
Willst du dich aber nicht fürchten vor der Obrigkeit,
so tue Gutes, dann wirst du Lob von ihr erhalten.

Denn sie ist Gottes Dienerin, dir zugut.
Tust du aber Böses, so fürchte dich;
denn sie trägt das Schwert nicht umsonst.
Sie ist Gottes Dienerin
und vollzieht die Strafe an dem, der Böses tut."
Römer 13 / 1 – 4

„Seid untertan aller menschlichen Ordnung
um des Herrn (Jesus) *willen,*
es sei dem König als dem Obersten
oder den Statthaltern als denen,
die von ihm gesandt sind
zur Bestrafung der Übeltäter
und zum Lob derer, die Gutes tun.
Denn das ist der Wille Gottes,
daß ihr durch Tun des Guten
den unwissenden und törichten Menschen
das Maul stopft."
1.Petrus 2 / 13 - 15

Hier öffnete sich mir ein völlig neues Verständnis von Obrigkeit. Wozu sie da ist, wo sie herkommt, wie sie sein soll. Wie die Bibel es sieht.

Zur Ergänzung zeigte mir Gott noch eine Stelle aus dem Neuen Testament, wo die Kriegsknechte zu Jesus kamen und fragten, wie sie sich jetzt verhalten sollten.

„Da fragten ihn auch Soldaten und sprachen:
Was sollen denn wir tun? Und er sprach zu ihnen:
Tut niemandem Gewalt noch Unrecht
und lasst euch genügen an eurem Sold!"
Lukas 3 / 14

Der Apostel Paulus schreibt hier in der Römerstelle an die Christen in Rom. Sie lebten quasi in der Höhle des Löwen. Am Regierungssitz des Cäsar. Wo die Staatsmacht in geballter Form ansäßig und allgegenwärtig war.
Wo vieles gut gemacht wurde und auch vieles schlecht. Wo Amtsmißbrauch, Korruption, Gängelei usw. an der Tagesordnung war. Aber auch all das Gute verabschiedet wurde, was das römische Staatssystem zu bieten hatte. Und das alles hatte offenbar die Christen dort so verunsichert, daß sie nicht wußten, wie sie das alles einzuordnen hatten.

Sagte Paulus hier, daß man zu Allem Ja und Amen sagen sollte/müßte? Daß alles richtig sei? Daß man alles hinnehmen müsse? Auf keinen Fall. Man kann auch gegen etwas sein, ohne gleich zu rebellieren. Andere Meinung und Überzeugung haben, ohne Gewalt, Zerstörung, Haß.

Paulus beschreibt die von Gott zugewiesene Aufgabe der Obrigkeit und das Verhalten der Menschen, wie es sein sollte.

Wenn wir die Bibel lesen, stellen wir fest, daß Gott ein Gott der Ordnung ist. Schon im Bericht über die Erschaffung der Erde wird uns berichtet, daß der Geist Gottes über dem „Chaos" (hebräisch im Original: Tohobawohu) schwebte und Gott dann Stück für Stück, eins nach einander, alles in die Ordnung brachte, wo es noch heute sein könnte.
Wenn der Mensch nicht wäre!

Es wird uns auch vom Sündenfall berichtet, daß zuerst Eva, dann aber auch Adam das taten, was sie nicht hätten tun sollen. Der Teufel hatte ihnen eingeredet, daß Gott es überhaupt nicht gut mit ihnen meine, er ihnen das Beste nicht gönne und vorenthalte. Der Teufel weckte die Rebellion, den Stolz und die Habgier in den Herzen der ersten Menschen.

Ein fürwahr teuflischer Plan.

Und das Desaster begann!

Durch den „Master of Desaster", den Chefchaoten, den Mr. Dunkel, den Vater aller Lüge, den Durcheinanderbringer, den Mörder und Zerstörer, den Mr. Devil!
(Du kannst das nachlesen in 1.Mose Kapitel 1 bis 3; Hesekiel 28 / 11 bis 19; Buch Jesaja 14 / 1 bis 17, is´ echt spannend und aufschlussreich, ´n echter Krimi!)

Es wird sehr deutlich beschrieben, wie Gott sich seine Welt mit den Menschen vorstellte. Der Teufel, vormals Luzifer genannt, war einer der Chef-Engel. Er war u.a. zuständig für den musikalischen Background und Sound im Himmel, er muß ziemlich smart und gut und auch sehr schön gewesen und nahe an den Mr. Universum rangekommen sein. So beschreibt es die Bibel in den oben genannten Bibelstellen.

Das ist echt krass. Luzifer, einer der höchsten Engel im Himmel, hatte alles was man sich vorstellen konnte. Er diente einem gütigen und liebevollen Gott. Er genoß Ansehen, absolutes Vertrauen, Handlungsfreiheit. Er lebte in einem perfekten Reich, alles stand im Überfluß zur Verfügung. Alles war auf ewige Perfektion, Leben, Fülle, Glück, Liebe und Gemeinschaft mit Gott angelegt. Es hätte alles so gut sein können.

Und dann passierte das Unfaßbare: Er wurde wegen seiner von Gott gegebenen Position, Schönheit und Begabungen stolz und entwickelte in seinem Herzen die Rebellion gegen Gott. Er plante eine Palastrevolution, zog einen ganzen Haufen Engel auf seine Seite und ...

... wurde hochkant mit seinen ganzen Nachfolgern rausgeschmissen. Der Schlaumeier hatte echt gedacht, daß er Gott das Wasser reichen könnte. Er, der Gott echt gut kannte, dem Vertrauen und Liebe entgegengebracht worden war. Er, der das Reich Gottes in- und auswendig kannte, der um die göttlichen Prinzipien wußte und wie sie sich auswirkten. Und er, er probt den Aufstand. Wie dumm muß man denn sein.

Aber Stolz, Habgier und Möchtegern hatten seinen Sinn vernebelt. Sein Herz zerfressen. Hatten Rebellion und Haß, Mord und Zerstörung erzeugt gegen alles, was Gott, seine Ordnung, seine Prinzipien und seine Menschen betraf.
Mamma mia!

Und genau das sehen wir tagtäglich, wenn wir die Nachrichten anschauen, wenn wir die noch so regionalste Tageszeitung lesen, wenn unsere Kinder aus dem Kindergarten oder Schule heimkommen und weinend erzählen was passiert ist. Wenn es uns selbst passiert, wenn wir selbst getäuscht werden und ins falsche Fahrwasser kommen.

Dann erkennen wir die Handschrift und das Treiben von diesem Mr. Chaos; diesem Teufel, dem Satan, der alten Schlange und seiner Kumpanen. Das ist seine Visitenkarte an die Welt. Wir können sie erkennen, wenn wir wollen.

> *„Der Dieb* (der Teufel) *kommt nur,*
> *um zu stehlen, zu töten und zu verderben;*
> *ich* (Jesus) *bin gekommen,*
> *damit sie (die Menschen) das Leben haben*
> *und es im Überfluss haben.*
> *Ich bin der gute Hirte;*
> *der gute Hirte lässt sein Leben für die Schafe. "*
> Johannes 10 / 10 + 11
> (Schlachter Übersetzung)

Schau Dir mal spaßhalber (is´nur so eine Redensart, ist nicht wirklich Spaß) die Nachrichten unter diesem Aspekt an. Motiv Stolz, Motiv Habgier, Motiv Möchtegern, Motiv Haß, Motiv Egoismus.

Und wenn Du diese Motive wiederfindest, in dem was Du siehst, liest oder sonst wahrnimmst, dann weißt Du auch, wessen Handschrift und Charakter das trägt. Du kannst es einordnen, ob es von Gott kommt oder von der Konkurrenz.

Mal ein kleiner Tip am Rande:
Wenn dieser Mr. Abscheulich, Mr. Dunkel oder Teufel, je nachdem Du diesen Feind Gottes und der Menschen bezeichnen willst, wieder mal ärgert, angreift, pisakt, nervt, Dir allerhand Mist aufbinden will, Dich nicht in Ruhe läßt und Dich ständig an Deine Vergangenheit erinnert, um Dich ins Fahrwasser der Selbstverdammnis zu bringen, dann erinnere ihn doch mal genüßlich an seine Zukunft! Nimm Deine Bibel und lies laut vor!

Zum Beispiel:

Hesekiel 28 / 11 bis 19

Jesaja 14 / 1 bis 17

1.Johannes 3 / 8

Kolosser 2 / 14 + 15

Matthäus 25 / 41

Offenbarung 20 / 10

…

…

…

…

…

…

…

Es gibt noch viel mehr Stellen. Such sie raus, schreib sie hier dazu, dann hast Du bald ein „Zurück-schlag-Lexikon".
Ich sag Dir, diese Stellen mag er gar nicht. Er denkt, er ist der große Zambalo, aber er ist gemäß den Aussagen der Schrift nix mehr, Jesus hat ihm den Kopf zertreten, er hat Dauer-Migräne. Vielleicht ist er deswegen so stinkig und unleidlich. Was soll´s – selber schuld!

Und weil dieser chaotische, zerstörerische und abwürgende Zustand ab dem Sündenfall in der Welt herrschte, hat Gott sich was einfallen lassen, zum Schutz des Zusammenlebens der Menschen. Zum Funktionieren der Gesellschaften. ER entwickelte Pläne. Gute Pläne. Sehr gute Pläne.

Einen einmaligen, supergenialen Master - Rettungsplan und einen Master - Gesellschaftsplan.
ER hat Maßstäbe gesetzt, Regeln, Gebote, die so weit gesteckt sind, daß jeder Mensch sich darin absolut frei bewegen und entwickeln kann, wenn er die Grenzen des anderen respektiert und diese Grenzen nicht als Bedrohung empfindet, weil er weiß, daß Gott absolut gut ist und dem Menschen niemals was Böses will und tut.

Und ER hat den Masterplan gebracht, um den Teufel zu besiegen und Möglichkeiten zu eröffnen, dem Treiben Einhalt zu gebieten, die Werke der Finsternis wieder zu zerstören. ER schickte seinen geliebten Sohn Jesus ins Rennen. Jesus ging den Weg des Menschen hier auf der Erde, durch all die Probleme und Anfechtungen, die diese Welt kennt. Und ER ging diesen Weg in völligem Vertrauen auf seinen Vater im Himmel, ER mußte sich nicht beweisen.
Die Liebe Gottes hüllte ihn komplett ein und so konnte ER all den dreckigen und schleimigen Versuchen widerstehen, den Charakter des Teufels anzunehmen oder ihm auf den Leim zu gehen.

Der Teufel hatte echt gedacht, daß es mit dem Masterplan erledigt sei, wenn er Jesus killt. Und er tat es. Er brachte Menschen dazu, Jesus unschuldig anzuklagen, zu verurteilen und zu kreuzigen. Er jubelte, als Jesus am Kreuz hing, sein Blut langsam zur Erde tropfte. Er sah Jesus mit der Sünde, dem Fluch des Gesetzes und der Krankheit, als diese tödlichen Dinge auf IHN gelegt wurden.
Aber der Schuß ging dermaßen nach hinten los! Er beißt sich noch heute in den Hintern, daß er das gemacht hat.

Daß er vor lauter Haß die vielen Hinweise und Ankündigungen, Prophetien in Bezug auf das Kommen Jesu, seinen Tod und die triumphale Auferstehung und den überwältigenden Sieg über den Teufel, nicht mehr realisierte, obwohl er diese Schriftstellen auswendig kannte.

Durch seinen Tod und Auferstehung wurde Jesus zum Sieger, zum Bezwinger des Teufels, zum Wiederhersteller der göttlichen Prinzipien auf der Erde und jeder Mensch, der sich Jesus anvertraut, wird zu einem Kind Gottes in dieser Welt, ausgerüstet mit Power, Autorität und einem Auftrag.
That´s it – boy!

> *„Er* (Jesus) *hat die Mächte und Gewalten*
> *(den Teufel und seine Spießgesellen)*
> *ihrer Macht entkleidet*
> *und sie öffentlich zur Schau gestellt*
> *und über sie triumphiert in Christus.“*
> Kolosser 2 / 15

> *„Wie viele ihn* (Jesus) *aber* (in ihr Leben) *aufnahmen,*
> *denen gab ER Macht* (Autorität, Recht),
> *Gottes Kinder zu werden:*
> *denen, die an seinen Namen* (Jesus) *glauben.“*
> Johannes 1 / 12

Das war ein ganz kurzer Abriß, warum Paulus das mit der Obrigkeit beschreibt. Warum wir sie brauchen und wie sie funktionieren sollte.

Bringen wir es auf einen einfachen Nenner.
Betrachten wir es zunächst in der Idealform, so wie es sich Gott ausgedacht hat:

Die Obrigkeit ist von Gott gewollt und eingesetzt,
sie ist eine Dienerin Gottes
für die Gesellschaften der Welt.
Ihre Aufgabe ist es, das Gute zu fördern,
das Böse zu verfolgen und zu strafen.
Der Gute hat nix zu befürchten,
sondern der, der Böses tut.

ok. soweit der Idealzustand.

Ich hatte vorhin gesagt, ...wenn der Mensch nicht wäre!
Er ist leider anfällig für Verdrehung, Habgier, Missbrauch,
Egoismus und dergleichen.
Wir haben ja schon gelernt, wo es herkommt.

Aus dem Grund sagt Jesus in der anderen Bibelstelle zu den
Soldaten:
Tut niemandem Gewalt an
Tut kein Unrecht
Seid zufrieden mit Eurem Sold

Es ist schon interessant, daß Jesus hier nicht zu den Soldaten,
die ja auch zu der Zeit Jesu die staatliche Ordnung aufrecht
erhielten und durchsetzten, sagte:
„Um Gottes Willen, wie könnt ihr nur Soldaten sein! So ein
gotteslästerlicher Beruf! Ihr müsst Pazifisten werden! Ab zum
römischen Arbeitsamt und ab in die Umschulung zum
Krankenpfleger!"

Nein. Er spricht die drei großen Bereiche der Anfechtung und
Gefahren an, die der Obrigkeit und ihren Beschäftigten
drohen:
Amts- / Machtmißbrauch
Unrechtmäßigkeit und Ungleichheit vor dem Gesetz
Korruption und Habgier

Und das sind auch heute noch die Probleme der Obrigkeit in allen Ländern.

Und nur weil etwas schief gehen kann und auch schief geht, deswegen ist das Original nicht schlecht und unbrauchbar. Im Gegenteil, je mehr sich richtig verhalten, umso weniger geht schief – auf beiden Seiten.

Und so begann mein Weg als frischgebackener Wachtmeister im Februar 1976. Die Entscheidung war gereift, durchgebetet, von Gott bestätigt worden und dank der liebevollen Unterstützung meiner Eltern auch in die Tat umgesetzt worden. Ich war bei der bayerischen Gendarmerie!

Ich wußte, ich bin richtig. Ich gehöre zur „Dienerin Gottes", einem Werkzeug Gottes.

Hier kannst Du mal einige Sachen aus der Zeitung rausschreiben, die Dir auffallen in Bezug auf die teuflischen Motive, von denen wir es vorhin hatten. Und dann realisierst Du, wie unsere Gesellschaft davon betroffen ist. (Ich fürchte, der Platz reicht nicht)

Ich geb Dir ein erstes Beispiel:

Diesel-Abgas-Skandal   Motiv: hemmungslose Habgier

Baugrube übersehen...

...oder wie man einen VW-Bus wieder flottmacht

Eines Abends fuhr ich alleine mit dem Streifenwagen, es war ein VW-Bus, zu einer Familie in der Stadt, um eine Vernehmung durchzuführen. Es war bereits dunkel, es war spät. Der Mann, den ich vernehmen wollte, war nicht früher von der Arbeit heimgekommen.

Als ich ankam und beim Haus einparkte, bemerkte ich eine Baugrube, die nicht wirklich gut abgesichert war. Ich dachte mir noch, daß ich den Mann dazu fragen müsse, bzw. eine ordentliche Absicherung veranlassen müßte.
Ich führte dann die Vernehmung durch, die Zeit verging, man unterhielt sich noch, ich vergaß die Baugrube.

Als ich zurückfahren wollte, ging ich, ohne an der Grube vorbeizukommen, von der anderen Seite diesmal, zum VW-Bus, stieg ein und fuhr rückwärts. Ich mußte schon einschlagen und nach einem kurzen Stück gab es einen heftigen Rumms.

Ich war wie versteinert, saß in meinem Bus und so langsam dämmerte es mir, was geschehen war. Ich war mit dem rechten Hinterrad in die Grube gefahren und saß nun mit dem Fahrzeugrahmen auf.
Ach du dickes Ei.
Ich besah mir die Situation und stellte fest, daß nichts beschädigt oder kaputt war. Ich saß halt auf.

Jetzt war guter Rat teuer und ich ging in Gedanken die Möglichkeiten durch. Ich kam bei allen Alternativen, Abschleppdienst rufen, Kollegen holen, etc. immer zum gleichen Ergebnis:

„Die lachen sich kaputt! Und ich bin der Gelackmeierte!
Blamiert bis auf die Knochen,
das Gespött der ganzen Dienststelle."

Vor meinem inneren Auge lief die ganze Szenerie an Witzen, Gags, Anspielungen und Vera.....ungen ab, die das Polizeisortiment so zu bieten hatte unter Kollegen. Ganz nach dem Motto: Wer Kollegen hat, braucht keine Feinde!

Und wieder blieb mir nur das Gebet, daß Gott mich aus diesem Dilemma, aus dieser peinlichen Situation rausholen solle, egal wie.

Und das finde ich so genial an IHM. Seit ich mich bewußt für IHN entschieden hatte, hatte das Wort Gottes eine ganz neue Dimension bekommen. Es war SEIN Wort für MEIN Leben und MEINE Umstände. Kein Zauberwortregister im Harry Potter Stil nach dem Motto: „für VW-Busse in Baugruben mußt du Zauberformel 54345cv45-Hokus-Pokus-Fidibus sprechen" und dann ist er wieder raus.

So nicht.

Das Wort Gottes hat Antworten auf alle Fragen und Herausforderungen des Lebens. Sie stehen in der Bibel und können und wollen mit dem Geist Gottes, SEINEM Heiligen Geist, entdeckt, geglaubt und im Vertrauen und SEINER Anweisung eingesetzt werden.
Und dazu gebraucht er oft Berichte von anderen Menschen, die mit JESUS schon schier Unmögliches erlebt haben, eigenes Gottvertrauen und Mut, etwas Unmögliches zu wagen, hatten.

Und genau das heißt „Glauben". Ich vertraue auf SEIN Wort, auf SEINE Liebe zu mir und SEINE Fürsorge für mich, an SEINE Ressourcen und unvorstellbaren Möglichkeiten.

Und das fiel mir wieder ein!

Jesus lief auf dem Wasser und Petrus auch! (Klar, ich war nicht Jesus, aber Petrus hat's ja auch gekonnt – eine Zeitlang zumindest)

Jesus speiste über 5000 Leute mit nur ein paar Fischbrötchen. (Die Speise hat sich immer wieder vermehrt, je mehr ER verteilt hatte – krass! I like Fischbrötla*!)

Mose teilte das Rote Meer, weil grad keine Fähre für ein paar 100.000 Leutchen da war.

Simson hatte Kraft ohne Ende und trug ganze Stadttore den Berg rauf. (Rambo ist ein Spargeltarzan dagegen)

Und dann gibt es Momente, wo Gott dir ein spezielles Wort für den Moment gibt, um eine Situation zu meistern. Und dieses Wort setzt durch den Heiligen Geist, verbunden mit meinem Glauben, Vertrauen und Mut, eine Kraft frei, die Du dir nicht vorstellen kannst.

> *„Der HERR ist mein Licht und mein Heil;*
> *vor wem sollte ich mich fürchten?*
> *Der HERR ist meines Lebens Kraft;*
> *vor wem sollte mir grauen?"*
> Psalm 27 / 1

> *„Ich vermag alles durch den,*
> *der mich mächtig macht – CHRISTUS!"*
> Philipper 4 / 13

Und genau das passierte in diesem Moment. Diese Bibelstellen, die mir in den Sinn kamen, setzten ihre Kraft in meinem Herzen und Glauben frei. Mein Verstand wehrte sich mit Händen und Füßen (oder so ähnlich) gegen das, was jetzt passieren würde. Glaube in Aktion!

Ich legte den Leerlauf ein, löste die Bremse. Es konnte ja nix mehr passieren, die Kiste steckte ja fest im Loch. Dann ging ich zum hinteren rechten Radlauf, also da, wo der Bus aufsaß, packte den Radlauf (die hielten früher noch was aus) mit beiden Händen und hob den VW-Bus raus. Ich schob ihn gleich über das Loch, ließ los, stieg ein, lenkte das Vorderrad um die Grube rum und fuhr zur Dienststelle.

Gleichgültig pfeifend kam ich zurück und machte meine Schreibarbeiten, so als wär nix gewesen.

Ich hab es nicht erzählt, sie hätten es mir ja sowieso nicht geglaubt. Und ich hatte keine Lust auf komische Diskussionen.

Nach außen hin war ich Mr. Cool – aber innerlich war ich total aufgewühlt, begeistert und verwirrt zugleich, voll unter Adrenalin; konnte ich es fast selbst nicht glauben. Sogar heute, wenn ich dran denke, kommt mir die Gänsehaut, über die Kraft, die in Gott und seinem Wort steckt. Und das war jetzt nur ein lumpiger VW-Bus, gutes altes dickes Blech, Motor hinten, wie viele Kilo? Keine Ahnung - ok?
Was passiert erst, wenn Gott wirklich was Schweres anpackt?

Du kannst mich für Münchhausen halten oder sonst einen Märchenerzähler. Aber es stimmt. Dafür stehe ich. Warum sollte ich Dir einen Bären aufbinden? Hab nix davon.

Ich habe das so ähnlich noch einige Male in meinem Leben erlebt, die Story´s erzähle ich dir hier aber nicht, sonst hab ich nix mehr für mein nächstes Buch. I´m sorry.

Eine andere Welt ...
... U 903 auf Feindfahrt

Eine ganz spannende Situation ist es, wenn Du mit Leuten zu tun hast, die irgendwie voll neben der Mütze sind. Aber harmlos. Und davon gibt es viele. Sie fallen nicht weiter auf, sind wie gesagt harmlos, nur bestimmten Personen kommen sie in die Quere.

Meiner langjährigen, 40-jährigen Beobachtung nach, meistens bei Vollmond. Dieses Phänomen wird oft beschrieben, jedoch wissenschaftlich bestritten, daß da irgendein Zusammenhang wäre. Nun gut, sollen sie, darum geht es letztlich nicht.

Frag mal Krankenschwestern, Sanitäter, Polizisten, Leute die an vorderster Front arbeiten, direkt dran sind am Leben, die mit solchen Menschen zu tun haben. Die erzählen dir so einiges über Vollmond und Auffälligkeiten bei Leuten.

Eine Episode geschah immer nur in Vollmondnächten. Über Jahre hinweg. Wir kannten ihn, mochten ihn, warteten schon am Marktplatz auf ihn ... und dann kam er angedüst!

Vollmond - die Straßen menschenleer – niemand weit und breit – einsam am Straßenrand ein Streifenwagen – zwei Polli warten auf das monatliche wiederkehrende Schauspiel:

U 903 auf Feindfahrt!

Ein Ford Sierra, hellblau. Alle kannten wir dieses Fahrzeug, kannten den älteren Mann der ihn fuhr, alleine im Fahrzeug, gepflegte Erscheinung.

Er sieht den Streifenwagen, bremst ab, bleibt rechts stehen und steigt aus.

Stellt sich neben sein Auto, nimmt soldatische Haltung ein, legt die rechte Hand an die nicht vorhandene Mütze und macht im Kasernenton Meldung:

„Melde gehorsamst,
U 903 auf Feindfahrt,
keine feindlichen Schiffe gesichtet!"

Als ich das erste mal mit ihm zu tun hatte, konnte ich es fast nicht glauben, daß es sowas gibt. Mein Bärentreiber hatte mich vorgewarnt. Und dann stehst Du ihm skeptisch-vorsichtig gegenüber.
Ist er gefährlich? Greift er dich an? Was kommt jetzt?

Anfangs versuchte ich normal mit ihm zu reden, versuchte ihn mit vernünftigen Argumentationen davon zu überzeugen, daß der Krieg schon längst aus ist; daß hier nicht der Atlantik, sondern der Marktplatz einer kleinen Stadt ist und daß er kein U-Boot habe, sondern einen Ford Sierra.

Ich merkte schon recht schnell, daß meine Argumente nicht zu ihm durchdrangen. Mein Kollege ließ mich schmunzelnd mal machen.

Streife „Lukas 12 / 3" gegen „U-903".

Ein funziger* VW Käfer gegen einen Stahlkoloß aus deutscher Kriegswerft.

Ich erreichte ihn in diesen Momenten nicht. Er reagierte nicht auf normale Ansprache. Er war gutmütig, in keinster Weise aggressiv, ungefährlich, nicht aufsäßig, ...er war einfach nur auf Feindfahrt wie befohlen. Das war seine Welt bei Vollmond.

Das Interessante daran war, wenn man ihn außerhalb des Vollmondes traf und mit ihm sprach, war er völlig normal. Er

50

wußte nichts von U 903. Er war wie ein Schlafwandler.
Er fuhr auch sicher, hielt sich an die Verkehrsvorschriften
usw. Es gab keinen Anlaß für uns, ihn aus dem Verkehr zu
ziehen.

Offenbar erzeugte der Vollmond bei ihm einen Flashback, …

(hierzu eine kleine interessante Definition aus WIKIPEDIA:
*Ein Flashback (englischer Begriff, wörtlich: blitz(artig)
zurück, sinngemäß übersetzt etwa Wiedererleben oder
Nachhallerinnerung) ist ein psychologisches Phänomen,
welches durch einen Schlüsselreiz hervorgerufen wird. Die
betroffene Person hat dann ein plötzliches, für gewöhnlich
kraftvolles Wiedererleben eines vergangenen Erlebnisses
oder früherer Gefühlszustände. Diese Erinnerungen können
von jeder vorstellbaren Gefühlsart sein.*
*Der Begriff wird vor allem dann benutzt, wenn die
Erinnerung unwillkürlich auftaucht und/oder wenn sie so
stark ist, dass die Person die Erfahrung wieder durchlebt,
unfähig, sie völlig als Erinnerung zu erkennen.*
Stand: 01.01.2018)

… der ihn in seine Wehrmachtszeit zurückversetzte.

Und solche Leute hatte ich viele getroffen. Es gab auch
Typen, die dann aggressiv und bösartig wurden, mit denen
wir kämpfen mußten, aber davon will ich hier lieber nicht
erzählen.

Was macht man jetzt mit so einem Kameraden? Das Normale
zieht nicht. Das einzige, was mir in dem Moment einfiel, war,
ich mußte ihm irgendwie in seiner „Welt" begegnen, um so
zu ihm sprechen zu können. Und ihn dazu zu bringen, was
ich eigentlich von ihm wollte, nämlich daß er heimfährt und
sich ins Bett legt.

Also dann – die Probe auf´s Exempel:

Ich mich vor ihm aufgebaut, (er sah mich ja offenbar als Vorgesetzten, sonst hätte er mir keine Meldung gemacht) rechte Hand zur Gruß- und Meldungserwiderung an meine nicht vorhandene Marinemütze und ihm im befehlsmäßigen Militärton gesagt:

„Matrosenobergefreiter Meier!
(so hieß er, der Dienstrang war geraten)
danke der Meldung, er soll wegtreten
(in der Dritten Person, altertümliche Ansprache,
auch im ländlichen Raum noch lange bis in die 90er gebräuchlich)
und unverzüglich den Heimathafen anlaufen.
Feindfahrt beenden, er soll ausruhen."

Er grüßte zackig, wiederholte vorschriftsmäßig den Befehl in Kurzform: „Jawohl, verstanden! Feindfahrt beenden, Heimathafen, ausruhen, verstanden."
sprang in sein U 903 – äh – seinen Ford Sierra und fuhr davon.

Wir folgten ihm im Abstand, er fuhr tatsächlich heim, fuhr in die Garage. Er ging ins Haus, wir sahen kurz das Licht, dann Ruhe im Schiff – äh – Haus. Die Nacht war Ruhe.

Das Spiel und die Ansprachen wiederholten sich jeden Monat bei Vollmond. Wissenschaft hin oder her.
Keine Ahnung wie lange er nachts auf Feindfahrt war, wenn wir ihn wegen anderer Einsätze nicht stoppen konnten. Wahrscheinlich die ganze Nacht oder bis der Sprit zur Neige ging. Torpediert wurde er nicht – logisch oder?

Ein weiteres Beispiel, bei dem ich noch mehr schauspielerisches Talent entwickelte, war ...

Die nackte Nonne ...
... eine alte Dame findet Frieden

Wir hatten in der Stadt eine hochbetagte Witwe, die alleine in ihrem kleinen Häuschen lebte. Sie war in der Dienstelle bekannt, weil sie auch immer wieder einen „Schub" hatte, wie wir es bezeichneten. Sie hatte keine Angehörigen, niemand war bekannt, der sich um sie kümmern konnte. Sie hatte eine Art Verfolgungswahn, aber harmlos, fast putzig. Für mich. Für sie war es eine echte Seelennot.

Eines Tages war ich dran, (es ist jetzt vielleicht 30 – 35 Jahre her) zu ihr zu fahren, sie hatte wieder angerufen, weil sie ausspioniert würde. (?)
Ok, das ist immer so der Spagat bei solchen Einsätzen, Du weißt, daß der Sachverhalt so eigentlich nicht stimmt, kannst aber nie sicher sein, daß diesmal vielleicht doch nicht etwas mehr dran ist. Außerdem entwickeln diese Leutchen eine Hartnäckigkeit, die sich gewaschen hat; und immer wieder anrufen, bis tatsächlich eine Streife kommt.

Wir kommen also zum kleinen Häuschen und klingeln. Die Oma macht uns auf, pico-bello gekleidet und frisiert, keinerlei Anzeichen von Verwahrlosung oder Unordnung. Auch im Haus alles an seinem Platz und sauber.

Also stelle ich mich vor. „Guten Tag, Wachtmeister Kunstmann von der Inspektion X. Sie haben uns gerufen. Wo liegt das Problem und wie können wir Ihnen helfen?"
(Ich habe mich bei älteren Herrschaften oft als Wachtmeister bezeichnet, ungeachtet meines tatsächlichen Dienstgrades. Die meisten Leute können damit sowieso nichts anfangen. Aber Wachtmeister war für die älteren Menschen ein Begriff.)

Sie erklärt mir mit voller Überzeugung, daß über ihr ein verrückter Maler eingezogen sei, der durch die Decke in ihrem Schlafzimmer ein Loch gebohrt hat und sie nun jeden Abend beim Auskleiden und zu Bett gehen beobachte. Außerdem habe er von außen an ihre Türe eine nackte Nonne gemalt.

Potzblitz, so ein Verbrecher!

Ich schaue die Oma an, sie mich. Sie völlig ernst und besorgt. Mich hätt's fast zerrissen vor Lachen – innerlich natürlich. Ich durfte ja nicht zeigen, daß ich sie nicht ernst nahm.
Das war vielleicht 'ne Story. Die nackte Nonne (woran man die wohl erkennt?) und Peep-Show am Abend.
Ok – alles klar.

Ich fragte sie denn auch ganz unschuldig und amtsgeschäftig, woran man denn erkenne, daß es sich um eine Nonne handle – wenn sie denn nackt sei?

Völlig verständnislos schaute mich die alte Dame an und meinte dann nur: „Na - an der Haube!"
Na klar, an was denn sonst, ich hätte es wissen müssen. Ich nickte verständnisvoll und bekämpfte erfolgreich den aufwallenden Lachkrampf.

Was macht man in so einer Situation?
Ich hatte gelernt, daß man diese Menschen, die aus den verschiedensten Gründen Dinge anders wahrnehmen, ernst nehmen mußte, um ihnen, für sie glaubhaft, in ihrer Welt zu begegnen und ihnen nach Möglichkeit zu helfen.

Heute ist das oft anders, verwirrte Personen werden gleich dem Ordnungsamt gemeldet oder dorthin gebracht, im Akutfall in die Nervenklinik eingewiesen. Früher wurden da solche Dinge nach bestem Wissen und Möglichkeiten gehandhabt. Nervenklinik war ein Fremdwort, für eine

54

Einweisung bzw. Unterbringung mußte man einen Kollegen finden, der wußte, welche Formblätter auszufüllen waren.

Heute vergeht fast keine Schicht, in der Menschen unterschiedlichsten Alters in die Nervenklinik gebracht werden müssen.

Also erklärte ich der alten Dame, daß es sich hier um einen Fall von besonders schwerer Frechheit handle und daß wir dem Maler jetzt ein für alle Male das Handwerk legen würden.
Die Frau schaute mich verwundert an, wahrscheinlich war ich der Erste aus der langen Reihe von Kollegen, die bei ihr schon zum Einsatz gekommen waren, der sie ernst nahm.

Also ging ich mit ihr ins Haus und ließ mir das „Peep-Show-Guckloch" im Schlafzimmer zeigen. Sie zeigte auf eine kleine dunkle Stelle an der weißgetünchten Decke.

„Das hat er reingebohrt und schaut immer durch, so ein Lüstling!"
Sie war völlig entrüstet.
An der Decke war tatsächlich – nix! Ein kleiner dunkler Fleck.

Und jetzt kam ich langsam in mein Element. Ich hatte von Kind an eine lebhafte Fantasie, schauspielerisches Talent und genügend Kühnheit, um auch verrückte Sachen zu machen.

Zum Entsetzen meines Kollegen sagte ich ihr: „Da haben Sie aber großes Glück, daß wir heute da sind. Wir sind nämlich Spezialisten in solchen Dingen und haben Spezialausrüstung dabei."

Ich sah meinem Kollegen an, daß er am Überlegen war, wer von den zwei, der Polli oder die Oma, in die Klapse müßte.
Ich ließ mir von dem Mütterchen die nackte Nonne zeigen,

sie deutete auf die Außenseite ihrer Küchentüre. Da war nix. Ich zauderte einen Moment, worauf sie sagte, daß man es nur in einem bestimmten Winkel sehen würde. Sie habe schon mehrfach versucht es wegzuwaschen, aber es ginge nicht.

Ich Dummerchen – na klar – spezieller Blickwinkel. Hätte ja auch selbst draufkommen können. Und so gab ich ihr Recht und bestätigte ihr, daß dies wirklich ein lästerliches Bild sei und daß wir es auf jeden Fall wegmachen müßten.

Ich erklärte ihr außerdem nun völlig ernsthaft, daß ich eine Spezialflüssigkeit anrühren, und das Bild abwaschen würde. Diese Flüssigkeit würde die Tür außerdem so versiegeln, daß niemals mehr jemand etwas daraufmalen könne.

Ich bat sie, zum Kollegen zu gehen und bei ihm zu bleiben, weil beim Anmischen der Flüssigkeit dürfe niemand zusehen, es sei ja schließlich eine geheime Polizeitinktur.

Sie ging zum völlig entsetzten Kollegen und wartete dort gespannt. Ich also in die Küche, wo ich unter der Spüle Reinigungsmittel vermutete. Und richtig. Alles war da, was in einen ordentlichen Haushalt gehört. Ich nahm eine alte Emailleschüssel und fing an, ein paar harmlose Reinigungsmittel zusammenzuschütten. Möglichst unter lautem Geklapper.

Dann, vor den Augen der Frau und weit aufgerissenen Augen und Mund des Kollegen, wusch ich die Küchentüre außen schön naß ab.
Anschließend bat ich die Oma zur Begutachtung, weil ich gesehen hatte, daß sich ihre Miene aufgehellt hatte und sie zu Strahlen anfing.

Ich fragte sie, ob sie noch etwas sehen würde, sie möge sich bitte die Türe genau aus allen Winkeln anschauen.
Und sie tat es gründlich und fiel mir danach um den Hals.

„Alles weg! Diese Sauerei ist weg! Keine nackte Nonne mehr! Vielen, vielen Dank, was hätte ich ohne Sie gemacht, so ein Glück, daß Sie heute im Dienst waren, die Spezialisten!"

Sie war so glücklich und erleichtert. Ich war mit ein wenig Theater zu ihr in ihre Welt durchgedrungen und hatte ihr Problem gelöst.

In ähnlicher Form verschloß ich auch noch das Guckloch in ihrer Schlafzimmerdecke und versicherte ihr, daß man diese Schicht, die ich darübergesprüht habe, nicht mehr durchbohren könne.

Sie wollte uns Geld geben, so dankbar war sie.
Wir verabschiedeten uns mit dem Hinweis, daß wir das Geld auf keinen Fall nehmen würden, dafür sei die Polizei ja schließlich da, um Bürgern zu ihrem Recht zu verhelfen und sie vor unanständigen Malern zu schützen.

Wir fuhren weg und wir hatten nie mehr einen Einsatz bei der alten Lady. Wirklich – nie mehr - jahrelang!

Mein Kollege fragte mich, wie ich auf so eine verrückte Idee käme. Ich konnte ihm nur sagen, daß mir das spontan eingefallen war, weil ich der Frau irgendwie helfen wollte.

Jetzt könnte einer sagen, daß ich die arme Frau voll angelogen und getäuscht hatte und das sei nicht in Ordnung gewesen.

Ich kann darauf nur sagen, daß ich es damals nicht als Lüge gesehen habe und es auch heute, am Ende meiner Dienstzeit, nicht als Lüge sehe.

Für mich war und ist es eine ungewöhnliche, jedoch notwendige Maßnahme gewesen, um dieser Frau und auch anderen Menschen zu helfen, die in diesem Bereich nicht mehr in unserer Welt leben. Sie war altersbedingt verwirrt, aber nur in einem kleinen Bereich ihres Denkens. Ich wollte ihr nix Böses, mir keinen Vorteil verschaffen, mich nicht rausreden, gar nix dergleichen. Ihr einfach nur helfen, irgendwie zu ihr in ihre Welt durchdringen.

Ihre Auffälligkeit und das Verhalten hatte meiner Meinung nach eine organische Ursache, wie bei so vielen alten Menschen, mit denen ich zu tun hatte.

Da fällt mir ein, das ist ein wenig wie in der Bibel.
Der Mensch hatte sich so weit von Gott, seinem Schöpfer und Versorger entfernt, daß er IHN nicht mehr wahrnahm, nicht mehr hörte. Nur noch in seiner kleinen, jämmerlichen Welt ums Überleben kämpfte, seinen Nächsten bekämpfte, in seiner Sünde und ihren Folgen unterging und für immer verloren war. (Erinnerst Du Dich, was ich vorhin über den Oberchaoten, den Mr. Dunkel gesagt hatte?)

Und deswegen sandte Gott seinen Sohn.
Aus dem himmlischen Reich in die natürliche Welt.
Aus der Vollkommenheit Gottes in die Unvollkommenheit des Menschen.
Aus einer perfekten Umgebung in eine unperfekte.
Aus der Ewigkeit in eine zeitliche, vergängliche Welt.
Aus dem Friedensreich Gottes in eine Welt von Ungerechtigkeit, Mord und Streit.
Jesus tauchte ein in die verwirrte, gefallene Welt, um einen Weg daraus zu schaffen.
ER tauchte ein in eine verlorene, sterbende Welt, um einen Weg der Errettung und Erlösung zu bahnen.
ER, der Sohn Gottes, wurde zum Menschensohn, damit wir Gott wieder verstehen und kennenlernen könnten.

Damit das grundsätzliche Problem des Menschen gelöst werden könnte für jeden, der sich auf Jesus einläßt und ihm vertraut.

ER, Jesus, begegnete uns in unserer verwirrten Welt, um eine klare Ansage zu machen.

„Ich bin der Weg, die Wahrheit und das Leben,
niemand kommt zum Vater, außer durch mich."
Johannes 14 / 6

„Alles, was mir der Vater gibt, das kommt zu mir;
und wer zu mir kommt,
den werde ich nicht hinausstoßen."
Johannes 6 / 37

GOTT machte sich auf´s Neue verständlich, in unserer Sprache, mit unseren Mitteln, auf unsere Wahrnehmung fokussiert.
Und ER war sehr gut darin.
ER hat es geschafft!

„Denn also hat Gott die Welt geliebt,
daß er seinen eingeborenen Sohn gab,
auf daß alle, die an ihn glauben, nicht verloren werden,
sondern das ewige Leben haben.
Denn Gott hat seinen Sohn nicht in die Welt gesandt,
daß er die Welt richte,
sondern daß die Welt durch ihn gerettet werde."
Johannes 3 / 16 + 17

„Denn da er (Jesus) *selber gelitten hat*
und versucht worden ist,
kann er denen helfen, die versucht werden."
Hebräer 2 / 18

„Nehmt euch Jesus Christus zum Vorbild:
Obwohl er in jeder Hinsicht Gott gleich war,
hielt er nicht selbstsüchtig daran fest,
wie Gott zu sein.
Nein, er verzichtete darauf
und wurde einem Sklaven gleich:
Er wurde wie jeder andere Mensch geboren
und war in allem ein Mensch wie wir.
Er erniedrigte sich selbst noch tiefer
und war Gott gehorsam bis zum Tod,
ja, bis zum schändlichen Tod am Kreuz.
Darum hat ihn Gott erhöht
und ihm den Namen gegeben,
der über allen Namen steht.
Vor Jesus müssen einmal alle auf die Knie fallen:
alle im Himmel, auf der Erde und im Totenreich.
Und jeder ohne Ausnahme
wird zur Ehre Gottes, des Vaters, bekennen:
Jesus Christus ist der Herr!"
Philipper 2 / 5 – 11
(Hoffnung für alle)

Wow – was für eine Beschreibung der „Mission Erde",
der „Mission Mensch werden, damit wir wieder verstehen
können"!!!!

Wie kläglich waren da dagegen meine Bemühungen, in der
Welt von „U-903" und der „nackten Nonne" Gehör zu
finden! Aber ich hab es trotzdem versucht, auf meiner Ebene,
mit meinen Möglichkeiten, mit menschlichem Erfolg und
doch mit nichts nicht zu vergleichen, wie perfekt es Jesus
geschafft hat.

Aber bei dem Phänomen „Verwirrung" gibt es neben
organischen Ursachen auch geistliche Ursachen, die einen
Menschen verwirren können. Und hier ist es halt mit
Spezialtinktur und glaubhaft gespielter Show nicht getan.

Verwirrter Verkehrsregler ...
... die Liebe Gottes in der Polizeizelle

Ich muß vor dem nächsten Erlebnis sagen, daß ich damals, und es ist jetzt auch weit über 20 Jahre her, noch nicht das Verständnis von geistlicher Autorität, Dämonen und Befreiung hatte wie heute. Heute würde die Geschichte wahrscheinlich anders ausgehen.

Ich war im Innendienst in der Dienstelle, als wir einen Anruf bekamen, daß ein verwirrter junger Mann auf einer stark befahrenen Kreuzung stehen und Verkehr regeln würde. Ich schickte eine Streife hin, um die Sache zu überprüfen und den jungen Mann in Gewahrsam zu nehmen. Sie sollten ihn in die Wache bringen.

Die Streife brachte ihn nach einiger Zeit rein. Sie waren völlig ratlos, aus dem Kerl war nichts rauszukriegen. Auf jede Frage zu seiner Person oder etwas anderem lachte er immerzu laut und höhnisch. Dabei verdrehte er die Augen, bis man nur noch das Weiße sah und verrenkte und verdrehte die Arme, Hände und Finger in völlig unnatürlicher Art und Weise. Er artikulierte sich nur wie ein Tier, mit Kreischen und Grunzen, es war wie im Horrorfilm.

Zu seiner eigenen Sicherheit und weil wir ihn ja nicht einfach mit dem anderen Publikumsverkehr in der Wache lassen konnten, sperrten wir ihn zu unserer und seiner Sicherheit erstmal in eine Zelle. Er war nicht verletzt, er hatte nichts dabei, womit er sich verletzen konnte. Die Streife hatte ihn schon gründlich durchsucht und gehofft, etwas zu finden, was auf seine Person hindeute, aber leider nichts dergleichen.

Während er im Untergeschoß in der Zelle wartete, versuchten wir zu ermitteln, wer er sein könnte und ob er irgendwo abgängig war oder vermißt würde.

Wir telefonierten die Krankenhäuser und Heime ab, ohne Erfolg.

Letztendlich entschloß ich mich, zu ihm zu gehen und die Sache vom Glauben und mit dem Namen Jesu anzupacken. Mal sehen, was das bringen würde. Ich war ja noch nicht so firm in dieser Kombination.

Ich nahm einen jungen Polizeipraktikanten mit, damit ich nicht alleine mit dem Verwirrten wäre.
Ich instruierte den jungen Kollegen, daß er an der Türe Wache stehen solle und gegebenenfalls Hilfe holen könne und Zeuge sei, was immer auch passiert.
Ihm war nicht ganz geheuer bei der Sache, aber er ging mit, weil er ja mußte, claro!

Im Flur vor den Zellen war nichts weiter zu hören. Wir näherten uns leise seiner Zelle und ich schaute durch den Türspion. Es hätte ja auch sein können, daß er uns irgendwas vormacht. Aber er saß ganz ruhig auf seiner Pritsche.

Ich schloß die äußere Türe auf, in dem Moment sprang er hoch, verdrehte wieder alles und brüllte und röhrte wie ein Tier.
Uns lief die Gänsehaut am Rücken runter und die Nackenhaare stellten sich auf (damals hatte ich noch etwas mehr Haare).

Aber ich hatte mich entschlossen und ich wußte, daß ich nur mit dem Namen Jesus weiterkam. Ich mein, ich wußte damals noch nicht viel über diesen Bereich, es war praktisch Neuland für mich, aber wie heißt es so schön: „Wat mut – dat mut"

In dem Moment spürte ich auch eine Kühnheit, wie nie zuvor. Eine innere Stimme schien mir zu sagen: „Hab keine Angst, ich bin bei Dir!" Ich erkannte Jesus in dieser Stimme.

Ich näherte mich der zweiten Zellentür, hinter der der junge Mann tobte und brüllte.

Ich sprach zu ihm mit lauter, fester Stimme:
„Schau mich an!"

Und siehe da, er blieb stehen, schaute mich an, brüllte und grunzte noch immer laut. Er verdrehte noch immer die Arme und Hände, aber er schaute mich an.

Ich dachte mir: ok, das scheint zu funktionieren, schau mer mal weiter. Und weiter ging`s.

„Sei still, hör auf zu toben, im Namen Jesus!"

Bumm! Als hätte man ihm den Strom abgedreht.
Er schwieg, stand still, die Arme hingen völlig gerade und kraftlos herunter, er schaute mich wie gebannt an.

„Ich werde jetzt zu Dir reinkommen.
Setz Dich auf die Pritsche und bleib ruhig."

Er setzte sich und schwieg.

Bevor ich aufschloß, vergewisserte ich mich, daß der junge Kollege auf Posten war. Ich fragte ihn: „Michel, alles klar?"

Er stand keesweiß* in der Türe und flüsterte: „Du wirst doch da nicht reingehen, der ist gefährlich!"

Aber ich wußte in dem Moment, daß er mir nichts tun würde. Der Glaube an Jesus und sein Wort machte mich sicher und stark.

Michel hatte realisiert, daß das jetzt irgendwas Religiöses sei und hatte brav und automatisch die Hände gefaltet, wie zum Gebet. Wahrscheinlich hatte er sich das „Kreuzzeichen" gerade noch verkneifen können, aber das ist jetzt nur eine Vermutung.

So schloß ich auf und machte den ersten Schritt in die Zelle hinein.
Plötzlich sprach mich der Verwirrte mit dunkler, aber klar verständlicher Stimme an. Eine Stimme aus dem Kühlschrank, die Stimme aus dem Horrorfilm.

„Laß mich in Ruhe, sonst bring ich Dich um"

Ich wußte in dem Moment ganz genau, was hier gespielt wurde und wer hier sprach.

Bibelstellen fielen mir plötzlich ein, die ähnliche Situationen beschrieben und genau zu meiner Situation passten.

„ Und sie (Jesus und seine Jünger)
kamen ans andre Ufer des Meeres
in die Gegend der Gerasener.
Und als er (Jesus) aus dem Boot stieg,
lief ihm alsbald von den Gräbern her ein Mensch entgegen
mit einem unreinen Geist.
Der (der Typ) hatte seine Wohnung in den Grabhöhlen.
Und niemand konnte ihn mehr binden,
auch nicht mit einer Kette;
denn er war oft mit Fesseln an den Füßen
und mit Ketten gebunden gewesen
und hatte die Ketten zerrissen und die Fesseln zerrieben;
und niemand konnte ihn bändigen.
Und er war allezeit, Tag und Nacht,
in den Grabhöhlen und auf den Bergen,
schrie und schlug sich mit Steinen.
Da er aber Jesus sah von ferne,
lief er hinzu und fiel vor ihm nieder,
schrie laut und sprach:
Was habe ich mit dir zu schaffen,

Jesus, du Sohn des höchsten Gottes?
Ich beschwöre dich bei Gott: Quäle mich nicht!
Denn er (Jesus) *hatte zu ihm gesagt:*
Fahre aus, du unreiner Geist, von dem Menschen!
Und er fragte ihn: Wie heißt du?
Und er sprach zu ihm:
Legion heiße ich; denn wir sind viele."
Markus 5 / 1 – 9

„ *Und alsbald war in ihrer Synagoge ein Mensch,*
besessen von einem unreinen Geist; der schrie:
Was haben wir mit dir zu schaffen, Jesus von Nazareth?
Bist du gekommen, uns zu vernichten?
Ich weiß, wer du bist: der Heilige Gottes!
Und Jesus bedrohte ihn und sprach:
Verstumme und fahre aus von ihm!
Und der unreine Geist riss ihn hin und her,
schrie laut und fuhr aus von ihm."
Markus 1 / 23 – 26

„ *Die Zweiundsiebzig* (ausgesandten Jünger)
aber kamen zurück voll Freude und sprachen:
Herr, auch die Dämonen sind uns untertan
in deinem Namen.
Er (Jesus) *sprach aber zu ihnen:*
Ich sah den Satan vom Himmel fallen wie einen Blitz.
Seht, ich habe euch Macht gegeben,
zu treten auf Schlangen und Skorpione,
und Macht über alle Gewalt des Feindes;
und nichts wird euch schaden.
Doch darüber freut euch nicht,
daß euch die Geister untertan sind.
Freut euch aber, daß eure Namen
im Himmel geschrieben sind."
Lukas 10 / 17 - 20

„Denn wir haben nicht mit Fleisch und Blut zu kämpfen,
sondern mit Mächtigen und Gewaltigen,
mit den Herren der Welt,
die über diese Finsternis herrschen,
mit den bösen Geistern unter dem Himmel."
Epheser 6 / 12

Die Bibel redet sehr deutlich über böse Geister und Dämonen, die die Menschen quälen und ihnen das Leben schwer machen. Nicht jeder ist gleich total besessen, aber es können böse Mächte in das Leben hineinkommen und den Menschen beeinflussen, quälen, stören, das Leben schwer machen.

Es gibt viele Türen, die Menschen für solche Dämonen und Mächte aufmachen können, bewußt oder unbewußt.

Solche Türen können sein und sind es sehr oft:

Drogenkonsum (egal welcher Art)
Horoskope lesen (auch wenn man nicht dran glaubt)
Karten legen
Astrologie
schwarze oder weiße Magie
Spiritismus
Satanismus in jeglicher Erscheinungsform
Blutverschreibungen an Satan, Geister oder Menschen
Geheimbünde, Bandenmitgliedschaften
und vieles mehr.....

Selbst Homöopathie ist nicht ohne!
(ist zwar ohne Wirkstoffe, aber nicht ohne Auswirkung auf den Nutzer. Er öffnet seinen Geist für übernatürliche, unbekannte Kräfte und Mächte, für Zauberei.)

Der „Erfinder" der Homöopathie, Samuel Hahnemann

(*10. April 1755 in Meißen; † 2. Juli 1843 in Paris) hatte dazu gesagt, es gehe nicht darum, was drin ist, sondern um das Entdecken des Geistes hinter der Substanz. Er selbst nannte es Zauberei.

Quelle: Organon der rationellen Heilkunde, erschienen 1810, § 269, 6.Auflage, nach der Ausgabe von Richard Haehl 1921

„Die homöopathische Heilkunst entwickelt zu ihrem besondern Behufe die innern, geistartigen Arzneikräfte der rohen Substanzen, mittels einer ihr eigenthümlichen, bis zu meiner Zeit unversuchten Behandlung, zu einem, früher unerhörten Grade, wodurch sie sämmtlich erst recht sehr, ja unermeßlich – durchdringend wirksam und hülfreich werden (Haehl)

Originaltext Hahnemann: Lange vor dieser meiner Erfindung, waren schon durch die Erfahrung mehrere Veränderungen bekannt geworden, welche in verschiednen Natursubstanzen durch Reiben hervor gebracht werden; z. B. Wärme, Hitze, Feuer, Geruchsentwickelung in an und für sich geruchlosen Körpern, Magnetisirung des Stahls u.s.w.

Doch hatten alle diese, durch Reiben erzeugten Eigenschaften, nur auf das Physische und Leblose Bezug; aber das Natur-Gesetz, nach welchem physiologische und pathogenische, den lebenden Organism in seinem Befinden umändernde Kräfte, in der rohen Materie der Arzneimittel, ja selbst in den, sich noch nie als arzneilich erwiesenen Natur-Substanzen, durch Reiben und Schütteln erzeugt werden doch unter der Bedingung, daß dies mittels Zwischentritts eines unarzneilichen (indifferenten) Mediums in gewissen Verhältnissen geschehe - Dieses wunderbare physische, vorzüglich aber physiologisch-pathogenische Natur-Gesetz, war vor meiner Zeit noch nicht entdeckt worden. Was Wunder also, wenn die jetzigen Naturkündiger und Aerzte (hiemit noch unbekannt) bisher an die **zauberische Heilkraft** der, nach homöopathischer Lehre bereiteten (dynamisirten) und in so kleiner Gabe angewendete Arzneimittel, bisher nicht glaubten"

Ok, hier war offensichtlich so etwas wie ein Geist am Werk. Denn bei einer normalen psychischen oder organischen Ursache hätte sich das Verhalten des jungen Mannes nicht aufgrund meiner Ansage verändert. Das hatte man ja bei den anderen Kollegen gesehen. Da war nix weiter passiert.

Aber hier? Hier war etwas anders. Hier prallten zwei geistliche Dimensionen aufeinander. Damals wußte ich noch nicht viel; nicht das, was ich heute weiß. Aber die Konfrontation war plötzlich da, nur weil ich die Zelle betreten hatte und mich von dem Zirkus nicht beeindrucken ließ. Auch nicht von der Morddrohung. Ich wußte, wer ich war und wer auf meiner Seite war und wer derjenige war, der durch den armen jungen Mann sprach.

Und dem galten meine Befehle!

Ich ließ mich nicht einschüchtern, sondern schaute den jungen Mann fest an (eigentlich schaute ich förmlich durch ihn hindurch zu dem Wesen, das hinter der ganzen Aktion steckte) und sagte wie zu einer dritten Person im Raum:

„Du hältst jetzt die Klappe in Jesu Namen,
ich werde mich jetzt mit dem jungen Mann unterhalten!"

Sofort veränderte sich das ganze Verhalten des Mannes, er war ruhig, schaute mich mit klaren Augen an und wartete auf mich. Ich setzte mich neben ihn auf die Pritsche (der Kollege stand immer noch mit gefalteten Händen in der Tür und dachte wahrscheinlich, er sei im Science-Fiction Film, er konnte nicht glauben was er sah).

Ich sah in dem jungen Mann nur einen gequälten Menschen und ich fragte ihn, was mit ihm los und wie er in diesen Zustand gekommen sei.

Und das Unfaßbare geschah.
Er fing mit normaler Stimme an zu erzählen, so wie sich zwei Bekannte unterhalten.

Er sei gut in der Schule gewesen, aber für seine Eltern nicht gut genug. Sie hatten ihn immer weiter angetrieben, besser zu werden. Er habe sich ja auch alle Mühe gegeben, aber mehr sei nicht gegangen. Die Eltern drängten immer weiter, wurden aggressiv, schlugen ihn, um ihn zu den Büchern zu zwingen und ihn besser zu machen. Es sei ein Martyrium gewesen.

Eines Tages, als der Druck wieder einmal supergroß war, machte es „klick" in seinem Kopf und er war in diesem Zustand. Als würde jemand anders jetzt seinen Kopf kontrollieren. Das sei jetzt schon viele Jahre her.

Ich fragte ihn, ob er in einem Heim untergebracht sei.

Dies verneinte er, er wohne zu Hause. Normalerweise nehme er starke Tabletten, dann wären diese Verwirrungen bzw. komischen Auswirkungen fast ganz weg. Heute habe er seine Tabletten nicht genommen und sei von zu Hause abgehaun.

Ich bat ihn um seine Personalien, die Namen seiner Eltern und seine Telefonnummer.

Ohne zu zögern nannte er mir das Gewünschte und ich schrieb es auf.

Dann fing ich an, ihm von der Liebe Gottes zu erzählen und daß Jesus für ihn am Kreuz gestorben sei. Daß seine Lage nicht von Gott käme und Jesus ihn unendlich liebe.

Der junge Mann saugte förmlich diese Botschaft von meinen Lippen und er weinte leise vor sich hin. Ich spürte, daß Jesus jetzt hier bei ihm in der Zelle war und ihn in den Arm nahm. Daß er jetzt Jesus einladen könne, in sein Leben zu kommen und sich um ihn zu kümmern. Daß er Jesus als Herrn und Erlöser annehmen könne, damit er eines Tages mit Jesus die Ewigkeit im Himmel verbringen könnte.

Auf meine Frage, ob er das wolle, sagte er ohne zu zögern, und mit einem Lachen im Gesicht „JA – das will ich!" und wir beteten zusammen. Wir sprachen gemeinsam ein sogenanntes Lebensübergabegebet. Er betete mit mir, bejahte es aus ganzem Herzen, er gab sein Leben in die Hand Jesu und ich spürte den Frieden Gottes in sein Herz kommen.

Er war überglücklich. Ich auch!

Ich erklärte ihm nun das weitere Vorgehen. Ich würde seine Mutter verständigen, die würde ihn abholen kommen, er möge sich noch ein wenig gedulden, es passiere ihm nichts weiter.

Ich umarmte ihn wie einen Sohn und verabschiedete mich vorerst. Ich verließ die Zelle, schloß ab und als ich mich nochmals umdrehte, war er wieder in seinem verwirrten Zustand. So etwas hatte ich noch nicht erlebt. Es war, als hätte sich ein Zeitfenster wieder geschlossen.

Ich ging zusammen mit meinem Michel nach oben, der war totenblaß und konnte gar nicht verstehen, was er gerade erlebt hatte. Ich erklärte es ihm, so gut es ging.

Oben im Büro fragte mich der Kollege, was wir denn solange gemacht hätten, da ja aus dem Kerl sowieso nichts rauszubringen sei.

Ich antwortete ihm: „Na unterhalten haben wir uns, was denn sonst".
„Ja - ja, unterhalten, na klar!" entgegnete er spöttisch.

Dann schaute er zu meinem jungen Michel, der nickte zunächst wortlos und heftig mit dem Kopf und stieß hervor: „Das stimmt alles – der hat sich mit ihm unterhalten – der hat alles aus ihm rausgebracht."

Wortlos ging ich zum Telefon und rief die Mutter an und erklärte ihr, wo ihr Sohn sei und sie ihn bitte abholen möge.

Jetzt war auch der spottende Kollege blaß und sprachlos.

Einige Zeit später kam die Mutter, wir holten ihren Junior aus der Zelle und übergaben ihn in ihre Obhut.

Sein Verhalten war wesentlich ruhiger, keine Verrenkungen oder komische Geräusche mehr. Aber er war wieder in einer anderen Welt. Er war nicht mehr ansprechbar.

Als sie zur Tür rausgingen, sprach ich ihn trotzdem nochmal direkt und laut an. „Und nicht vergessen wer dich liebt!"

Er drehte sich rum, strahlte über das ganze Gesicht und sagte mit glasklarer Stimme: „Jesus – das vergesse ich nie mehr! Danke."

… sprach`s und ging mit seiner Mutter heim.

An der Stelle möchte ich noch einmal betonen, daß es eines meiner ersten Erlebnisse dieser Art war. Die Erkenntnis und das Verständnis von geistlicher Autorität entwickelt sich, es ist nicht sofort alles da, man wächst mit der Zeit in diesen Bereichen und lernt dazu. Und dazu dienen neben der Theorie eben auch die praktischen Gelegenheiten.

Heute würde ich diesem Geist befehlen zu verschwinden, den jungen Mann loszulassen. Und der Geist würde ihn loslassen müssen. Weil es im Namen Jesus geschähe. Dem Namen, dem alle Macht im Himmel und auf der Erde gegeben ist. Dem Namen, vor dem sich jedes Knie beugen muß, jeder besiegte Dämon und Teufel (und das sind sie – besiegt für immer) müßte und muß gehorchen. Dem Namen JESUS!

Das habe ich in den letzten Jahren oft erlebt, Manifestationen dämonischer Mächte im Leben und in Körpern von Menschen. Und sie mußten gehen, weil ich es ihnen befahl im Namen Jesus.

Ach ja - seit dieser Episode war ich in der Dienstelle der Mann für „Spezialfälle".

Bevor wir weitermachen, noch ein kurzes Beispiel.

Hier kannst Du mal aufschreiben, ob Du schon mal seltsame Begegnungen hattest und wie Du heute, nachdem Du mehr durch dieses Buch weißt und hören wirst, reagieren und handeln würdest.

In Ketten gebunden …
… Polizei und Gemeinde

Wir waren vor einigen Jahren in Argentinien bei einer christlichen Gemeinde zu Besuch. Eines abends waren wir in einer anderen Gemeinde zum Abendessen eingeladen.

Als wir eintrafen, sagte uns der Pastor, wir hätten nicht so lange Zeit, um 22 Uhr würde die Polizei einen Besessenen bringen. Keine Klinik würde den mehr aufnehmen, weil er so aggressiv und durchgeknallt wäre. Wir hielten das für eine gewisse Übertreibung.

Kurz vor 22 Uhr kamen noch ein paar kräftige Männer (Mitglieder dieser Gemeinde) in die Gemeinde, dazu Gemeindeälteste und sie gingen in einen rückwärtigen Raum.

Kurz darauf klopfte es an der Tür, draußen stand die Polizei! Sie brachten einen ca. 40-jährigen Mann, völlig verwildert und komplett mit dicken Ketten gebunden. So was hatte ich noch nie gesehen. Er gebärdete sich wie wild, brüllte mit unmenschlicher Stimme, wurde aber den Männern aus der Gemeinde übergeben. Die Polizisten waren froh, daß sie ihn los hatten und fuhren weg.

Wir beendeten unseren Besuch und ließen den Pastor bei seinen Männern und dem Besessenen zurück.

Zwei Tage später erfuhren wir, daß sie den Mann von diesen Dämonen im Namen Jesus befreit hatten und er jetzt völlig normal war. Die örtliche Polizei würde häufiger Personen wie diesen Mann bringen, weil ihm hier geholfen würde, wie es keine Klinik könne. Für die Polizisten zähle nur das Ergebnis, nicht der Name der Gemeinde oder der Konfession.
Es war erstaunlich.

In den zurückliegenden Jahren haben meine Frau und ich viel in diesem Bereich dazugelernt und wir konnten vielen Menschen mit dämonischen Bindungen im Namen Jesu helfen und sie freisetzen. Das hat nichts mit dem klassischen bzw. kirchlichen Exorzismus zu tun. Davon verstehe ich nichts. Interessiert mich auch nicht. Wir beten nur für die Menschen und gebieten den Dämonen im Namen Jesus.

An der Stelle möchte ich sagen, ich hab vor drei Jahren mein erstes Buch geschrieben. Es heißt „Apostelgeschichte 29" und ist im gleichen Verlag erschienen wie dieses hier. (BOD-Verlag/Norderstedt) In diesem Buch beschreibe ich einiges im Zusammenhang mit Befreiung im Namen Jesus und wie ich die Dinge anhand der Bibel sehe. Außerdem viele Heilungen und persönliche Erlebnisse im Glauben. Aber mehr wird hier nicht verraten. Lies am Ende des Buches mehr darüber.

Wo wirst Du die Ewigkeit verbringen?

An Jesus führt kein Weg vorbei

Wie im vorigen Kapitel angesprochen, will ich in diesem Kapitel etwas Existentielles ansprechen. Etwas, das mir wichtig ist und Du wissen solltest.

Es geht um Dein Leben. Ja genau – Du hast richtig gelesen - um DEINS.

Nicht primär um Dein physisches Leben, sondern um Dein geistliches Leben.

Ich weiß ja nicht, ob Du dir jemals darüber Gedanken gemacht hast, aber das solltest Du auf jeden Fall tun. Das ist nämlich die allesentscheidende Frage: Wo wirst Du die Ewigkeit verbringen?

Mit Jesus zusammen in Seinem Reich in alle Ewigkeit oder getrennt von Gott und Jesus in der ewigen Verdammnis?

Ich will Dir dazu ein Erlebnis erzählen:

Wir waren auf Streife und bekamen den Auftrag, zu einem schweren Unfall zu fahren. Ein Motorradfahrer war zusammengefahren worden.
Nun, das sind nicht gerade die schönsten Aufgaben während der Streife, aber sie gehören dazu und sind leider an der Tagesordnung.

Der junge Mann war wie durch ein Wunder, Gott sei Dank, doch nicht so schwer verletzt und kam ins Krankenhaus. Er war ansprechbar.

Wir erledigten zunächst vor Ort die Unfallaufnahme, ließen die beschädigten Fahrzeuge abschleppen und fuhren dann ins Krankenhaus, um mit dem Motorradfahrer zu sprechen und seine Unfalldaten aufzuschreiben.

Er war einigermaßen gut drauf und nach Erledigung der Formalitäten kamen wir ins Gespräch über den Unfall. Ich erklärte ihm aufgrund der Gesamtumstände, der Spuren und Unfallermittlungen, daß er einen großen Schutzengel gehabt hatte. Er könne froh sein, daß er noch lebe.

Und so kamen wir zu der eingangs erwähnten Frage, wo er denn jetzt die Ewigkeit verbringen würde, wenn der Schutzengel hier nicht da gewesen wäre.

Er wurde etwas unsicher und versuchte erstmal die Thematik etwas herunterzuspielen und auf „cool" zu machen. Ich ließ aber nicht locker und fragte immer wieder, ob er Gott kennen würde und wie er zu ihm stünde. Ob er wirklich wisse, wo er sein würde, wenn er stirbt.

Er erzählte mir dann ehrlich, daß er schon irgendwie an Gott da oben glaube, ja auch als Baby getauft wurde und daß er hoffen würde, daß das für den Himmel reichen würde. Immerhin hatte der Pfarrer es ihm so gesagt und versprochen.

Er lag da vor mir im Krankenhausbett, das Bein dick eingebunden und er tat mir so leid. Der Bursche hatte keine Ahnung von der Ewigkeit, hatte keine wirkliche Beziehung zu Gott und hoffte trotzdem, daß es reichen würde?

Mamma mia! Hatte es ihm denn wirklich keiner gesagt?

Daß die Babytaufe mit dem „in-den-Himmel-kommen" nix zu tun hat, aber auch sowas von gar nix?

76

Weiß er denn nicht…

… daß nur eine Beziehung zu Jesus die Eintrittskarte ist?
… daß man an Jesus nicht vorbeikommt?
… daß Jesus ihn unendlich liebt und für ihn gestorben war?
… daß Jesus auf eine Reaktion, eine Einladung wartet?
… daß es nur funktioniert, wenn man Jesus in sein Leben aufnimmt und um Vergebung bittet?
… daß man mit Jesus leben kann und auch sollte?

Ich überlegte wie ich es ihm am Besten verdeutlichen konnte und betete im Stillen um eine Idee.
Und die kam!

Ich hatte hier einen frisch Verletzten, der vom Notarzt versorgt und ins Krankenhaus eingeliefert worden war. Er hatte nochmal Glück (?) (!) gehabt.

Und so erklärte ich es ihm auf meine Art.
„Weißt Du, als Du den Unfall hattest und nun da lagst, hat es Dir was genützt, daß Du wußtest, es gibt den Notarzt? Nein. Dieses Wissen, selbst wenn es 1000%ig ist, bringt Dir gar nix. Du wirst verbluten und sterben.

Ja, es gibt einen Notarzt, einen der super-gut ausgebildet ist. Der Tag und Nacht bereit ist, zum Einsatz zu kommen. Der alles Mögliche tun wird um Dir zu helfen. Der selbst sein Leben auf's Spiel setzt, um Deins zu retten.
Es genügt nicht zu wissen, daß es einen Notarzt gibt. Er kommt nicht von alleine, er muß gerufen werden.
Er weiß auch, daß Unfälle passieren, aber er kommt nur wenn er benötigt wird.

Ist Dir schon mal aufgefallen, daß Notärzte keine Streife fahren, so nach dem Motto: „Schau mer mal, ob wir irgendwo einen Schwerverletzten rumliegen sehn, dem wir irgenwie ein Pflaster verpassen können" oder „Naja - dann verletzen wir halt selbst einen, damit wir ihn verarzten können und gut dastehen."

Hey, das gibt es nicht.

Jesus wartet auf eine Einladung von Dir. ER steht bereit, um Dich zu retten, befreien, wiederherzustellen. Aber ER wartet auf Deine eigene, willentliche Entscheidung! Willst Du Jesus einladen? Willst Du Ihm Dein Leben anvertrauen und übergeben? Willst Du ihm vertrauen?"

Dieses Beispiel und diese Frage hatte er verstanden. Das traf voll seine Situation. Ich sagte ihm noch, was die Bibel dazu sagt.

(Wir hatten das heute ja schon mal, mit dieser Notrufnummer Gottes, erinnerst Du dich dran?:)

> *„und rufe mich an in der Not,*
> *so will ich dich erretten,*
> *und du sollst mich preisen."*
> Psalm 50 / 15

Andere Bibelstellen verdeutlichen es noch folgendermaßen:

> *„Siehe, des HERRN Arm ist nicht zu kurz,*
> *daß er nicht helfen könnte,*
> *und seine Ohren sind nicht taub geworden,*
> *so daß er nicht hören könnte."*
> Jesaja 59 / 1

> *„Denn der Sohn des Menschen* (Jesus)
> *ist gekommen, zu suchen und zu retten,*
> *was verloren ist."*
> Lukas 19 / 10
> (Elberfelder)

„Wie viele ihn (Jesus)
aber aufnahmen (in ihr Leben, unter SEINE Regie),
denen gab ER Macht,
Gottes Kinder zu werden:
denen, die an SEINEN Namen glauben. "
Johannes 1 / 12

Und so beteten wir gemeinsam im Krankenzimmer. Ein Mensch wurde gerettet, er gab sei Leben Jesus, der ab diesem Zeitpunkt sein Erlöser und Herr wurde.

Ich gab ihm noch die Adresse einer mir bekannten Gemeinde in seiner Nähe und versprach, ihn wieder anzurufen.

Einige Wochen später, er war wieder völlig gesund, rief ich ihn an und fragte ihn, wie es ihm ginge. Er antwortete mir, daß er jetzt in diese von mir genannte Gemeinde ginge und mehr über Jesus und den Glauben lerne und erfahre. Es ginge ihm super-gut.

An der Stelle frage ich auch Dich, weißt Du, wo Du die Ewigkeit verbringen wirst?

Du hast bis hierher gelesen und Du denkst Dir vielleicht: Das gibt`s doch nicht! So was hab ich noch nie gehört oder gesehen. Ich kenn` Gott oder Jesus nur aus dem Religionsunterricht und da war es langweilig. Meine Oma hat mir was davon erzählt, aber das war auch nicht wirklich prickelnd. Ich mußte als Kind mit in die Kirche, es war total langweilig. Dieser Jesus und das ganze Glaubenszeug ist doch lebensfremd, falsch und eine ziemliche Heuchelei.

Du magst ja teilweise recht haben, weil Du vielleicht tiefgreifende negative Erfahrungen in der Vergangenheit gemacht hast.

Wenn Du im Namen Gottes oder im Namen Jesus enttäuscht worden bist, von Menschen, die dir von der Liebe und dem Errettungsangebot erzählen sollten, Dich aber stattdessen seelisch, körperlich oder geistlich mißbraucht haben, dann tut mir das total leid für Dich. Ehrlich.

Da kann Gott aber nichts dafür, ER wird dich niemals enttäuschen oder mißbrauchen. Das haben Menschen mit Dir getan, die sich von Satan lenken lassen, die selbst in dämonischer Abhängigkeit stecken. Es ist mir egal wie sie heißen, welche kirchliche Position sie haben oder hatten und welcher Konfession sie angehören. Es war abgrundtiefe Sünde, die dazu geführt hat, daß Du fehlinformiert wurdest, abstoßende Beispiele gesehen hast und Du von Jesus nix mehr wissen willst. Sie haben Dir die Tür zur Ewigkeit zugeschlagen, statt aufzumachen.
Denk an die Handschrift von Mr. Abscheulich!

Und ich entschuldige mich an der Stelle bei Dir für alle, die Dir ein schlechtes Beispiel gaben, Dich von Gott und seinem Sohn Jesus wegbrachten, statt Dich zu Jesus zu bringen.

Weißt Du, was Jesus über diese Leute, diese „Wegbringer" sagt?

„Es wäre besser für ihn,
man würde ihm einen Mühlstein um den Hals legen
und ihn damit ins Meer werfen,
als daß von solchen gering Geachteten wie diesen hier
auch nur einer durch ihn zu Fall kommt."
Lukas 17 / 2
(Neue Genfer Übersetzung)

Das bezieht sich auf Männer und Frauen gleichermaßen,
die schuldig an Dir werden
und Du deswegen Jesus nicht oder falsch kennenlernst

Jesus, der Sohn Gottes, lebt und ER liebt Dich und streckt Dir seine Hand entgegen. ER will Dich retten und Dir Deine Sünde vergeben. Die Sünde ist nicht primär das, was Du getan oder nicht getan hast, es ist die Sünde, nicht an den Namen Jesus zu glauben.
(Johannesevangelium Kapitel 16, Vers 9, da steht's, falls Du nachlesen willst.)
Und das steht zwischen Gott und Dir und verhindert, daß Du eines Tages in den Himmel kommst.

Es genügt nicht, von Jesus gehört zu haben und dann wird ER schon machen. Jesus wartet auf Deine Einladung, damit ER Dich retten kann. Alles Notwendige dazu steht schon bereit. Vielleicht hat Dir das so noch nie jemand gesagt. Jesus hat am Kreuz die Erlösung, die Vergebung der (Deiner) Sünden und eine komplette Wiederherstellung mit seinem Blut und Leben erkauft. Du musst es nur noch für Dich in Anspruch nehmen. Bewusst „Ja" sagen. That's it!

Lade Jesus ein, in Dein Leben zu kommen, IHN kennenzulernen und Dein Herr zu sein.
Du wirst sehen, Jesus ist anders als man Dir vielleicht gesagt hat.

Ein Leben ohne Jesus ist langweilig, sinnlos, ohne Zukunft. Menschen ohne Jesus haben keine Vorstellung, welche Freiheit, Frieden, Freude, Begeisterung, Kraft und Spannung das Leben hier auf der Erde haben kann. Und darüber hinaus noch ein Leben in Ewigkeit mit Jesus.

Wo wirst Du die Ewigkeit verbringen? Was ist, wenn doch was dran ist mit dem Leben nach dem Tod? Auf diese existenziellen Fragen des Lebens solltest Du eine Antwort haben oder bekommen. Wir sorgen in unserem alltäglichen Leben für alles Mögliche oder Unmögliche vor. Aber viele versäumen für die Ewigkeit vorzusorgen bei dem, der dafür zuständig ist. Jesus!

Jesus ist die Antwort Gottes auf unser Verlorensein. Und eines Tages kommst Du an dieser Entscheidung nicht vorbei. Spätestens, wenn Du vor ihm stehst, aber dann ist es zu spät, eine Entscheidung zu treffen. Da muß alles in trockenen Tüchern sein.

Entscheide Dich jetzt, mit Jesus zu leben und Jesus Dein Leben zu geben. Warte nicht auf einen späteren oder besseren Zeitpunkt. Es gibt keinen. Es zählt das jetzt, denn es kann ganz plötzlich zu spät sein. Ich habe viele Unfalltote gesehen, die von einer Minute zur anderen aus dem Leben gerissen wurden und urplötzlich vor Gott dem Schöpfer und ihrem Richter standen. Sie hatten vielleicht gedacht, sie hätten noch Zeit, diese Frage zu beantworten.
Rumms-aus-Ende.

Ich lade Dich zu einem neuen Leben mit Jesus ein; SEINE Liebe, Kraft und Vergebung zu erfahren und daß ER sich Deiner Nöte und Krankheiten annehmen darf.
Vertrau auf IHN!

Du fragst Dich, wie Du das machen sollst?

Sprich Jesus einfach an!
Du mußt Dich nicht vorher ändern, besser werden oder so. Das is´ Quatsch, das is´ religiöses Getöns. Sprich zu IHM, einfach in dem Zustand und der Lage, in der Du gerade bist.

Wenn einer aus dem Schlammloch, in dem er steckt, gerettet werden soll, weil´s ihn sonst verschluckt, sagt man ja auch nicht vorher zu ihm: „Du kannst erst gerettet werden, wenn Du geduscht, sauber angezogen bist und die Frisur sitzt." Das ist Nonsens. So auch im Glauben. Wie Du gerade bist – Jesus wartet auf Dich und wird Dich hören.

Ich betete mal mit einer Frau, die war sturzbetrunken, aber sie wollte unbedingt Jesus annehmen. Sie hatte Mühe, mir das Errettungsgebet nachzubeten und ich hatte Mühe, sie zu verstehen. Aber sei´s drum.

Zwei Tage später war sie völlig verändert, sie hatte Jesus erlebt. Ihr Leben kam auf die Reihe, sie war Christ geworden. Es war Jesus egal gewesen, daß sie betrunken war. ER sah ihre Not und ihr Herz. Und ER hörte das Gebet, auch wenn der Alkohol es verhindern wollte. Ich bin Jesus dankbar, daß ich mich nicht hab abhalten lassen, mit ihr zu beten.

Das ist der Jesus der Bibel, mein Jesus, wie ich ihn kenne und liebe.

Lade ihn ein, nimm Jesus auf. Glaube und bekenne es. Die Bibel sagt:

> *„Wie viele ihn* (Jesus) *aber aufnahmen,*
> *denen gab er Macht,* (das Recht, die Autorität)
> *Gottes Kinder zu werden,*
> *denen, die an seinen Namen glauben.“*
> Johannes 1 / 12
> (die Stelle ist so wichtig, deswegen bringe ich sie hier noch mal)

> *„Denn wenn man von Herzen glaubt,*
> *so wird man gerecht;*
> *und wenn man mit dem Munde bekennt,*
> *so wird man gerettet.“*
> Römer 10 / 10

Es ist nicht schwer. Aber diese Entscheidung kann Dir niemand abnehmen. Deine Eltern nicht, Deine Oma nicht, schon gar keine Kirche, wie immer sie heißt und was sie Dir alles versprochen hat. Nur Du und Jesus. Nur ihr zwei könnt das klarmachen.

Jesus wird Dich niemals zwingen, aber Du solltest darüber nachdenken, denn es kann schnell alles ganz anders kommen.

Bete jetzt, an der Stelle wo Du es gerade gelesen hast, zu Jesus und übergib Dein Leben in die Hand des wunderbarsten, liebevollsten, mächtigsten und gnädigsten Herrn, den die Welt jemals gesehen hat oder sehen wird und Du wirst IHN erleben ...

Jesus Christus

Gebet zur Errettung:

Wenn Du Jesus kennenlernen willst und Du weißt, daß Du Vergebung und Errettung brauchst, lade ich Dich ein, das nachfolgende Gebet laut, ernsthaft und voller Vertrauen zu beten:

Herr Jesus Christus,
ich glaube und bekenne von ganzem Herzen,
daß Du der Sohn Gottes bist
und auf die Erde kamst, um mich zu erlösen.
Du starbst um meinetwillen am Kreuz
und hast meine Sünde auf Dich genommen,
damit ich frei sein kann.
Du bist auferstanden und lebst.
Ich bekenne Dir meine Sünden.
Ich bitte Dich, vergib mir und wasche mich rein.
Ich nehme Dich in mein Leben auf,
DU allein bist mein Erretter und Herr!

Heiliger Geist,
bitte erfülle mich mit der Kraft Gottes,
damit ich im Glauben wachsen kann
und mehr und mehr von Jesus sehe.
Amen.

Wie geht`s jetzt weiter?

Herzlichen Glückwunsch! Du bist jetzt ein Kind Gottes! Willkommen in der Familie Gottes!

Du hast einen neuen Weg eingeschlagen mit Jesus an Deiner Seite. Die Bibel erklärt es als „neue Geburt". Das hat überhaupt nichts mit Re-Inkarnation zu tun. Du kommst nicht nochmal in irgendeiner Lebensform auf die Erde. Du bist aus dem Geist Gottes eine neue Kreatur. Nicht äußerlich, aber geistlich ist etwas Wunderbares passiert.

„Darum: Ist jemand in Christus,
so ist er eine neue Kreatur;
das Alte ist vergangen, siehe, Neues ist geworden."
2.Korinther 5 / 17

Du gehörst jetzt zum Siegerteam. Die Macht des Teufels ist gebrochen.

Jetzt soll Dein neues Leben in Jesus Christus wachsen und stark werden.

So, wie ein Neugeborenes Versorgung, Schutz und Unterstützung beim Lernen braucht, brauchst Du es im Glauben auch. Du brauchst Menschen, die Jesus kennen und nachfolgen. Die Dir zeigen und erklären können, wie Du mit Jesus leben und reden kannst. Man nennt das übrigens beten. Nicht unbedingt vorformulierte Gebete, sondern frei weg, was Dir auf dem Herzen liegt.

Lies in der Bibel, am besten Du fängst im Neuen Testament an, zum Beispiel im Johannesevangelium, denn da wird Jesus super beschrieben und was ER alles gemacht und gesagt hat. Du kannst Dich auf IHN und sein Wort verlassen. Du wirst sehen, es ist spannender, als Du denkst.

Du brauchst eine lebendige Gemeinde, wo Du Dich zu Hause fühlst. Eine Gemeinde mit Menschen, die Jesus lieben und begeistert von IHM sind und erzählen was ER gerade wieder getan hat.

Wo der Heilige Geist Freiraum hat, Wunder zu tun. Wo Menschen erzählen, wie Jesus ativ und übernatürlich eingegriffen hat. Schau doch mal auf deren website nach, ob Du da Berichte über Heilungen, Eingreifen Gottes, Gebetserhörungen oder sonstige Wunder findest. Wenn ja – schau Dich dort mal um, wenn nein – naja.

Wo mit Dir und anderen gebetet wird, wo Heilung, Freisetzung und Wiederherstellung normal ist. Wo Du Deine Talente und Gaben einsetzen kannst und Du wachsen kannst. Es gibt mehr Gemeinden und Gruppen, als Du denkst.

„Denn das Reich Gottes steht nicht in Worten,
sondern in Kraft."
1.Korinther 4 / 20

„...und mein (Apostel Paulus) *Wort und meine Predigt*
geschahen nicht mit überredenden Worten der Weisheit,
sondern im Erweis des Geistes und der Kraft,
auf daß euer Glaube nicht stehe auf Menschenweisheit,
sondern auf Gottes Kraft."
1.Korinther 2 / 4 + 5

Paulus ermahnte die Christen, daß der Glaube auf der sichtbargewordenen Verbindung zwischen dem klaren Wort Gottes und der wirksamen Kraft stehen muß. Nicht nur schlaue Worte ohne sichtbare Demonstration der Kraft Gottes. Wenn sie Dir weismachen wollen, daß es diese Dinge heute nicht mehr gibt oder man das Wort Gottes, so wie es in der Bibel steht, nicht mehr so sehen kann, hüte Dich vor ihnen. Sie verleugnen Gottes Kraft und Du würdest nicht wachsen und Jesus nicht wirklich erleben können.

Google doch einfach mal für Deine Stadt. Gib mal ein: „Jesus" – „Heiliger Geist" – „Heilung" – „Wunder" .

Dann schau Dir mal ihre websites an, ob da Leben drin ist. Schau mal dort vorbei und mach Dir ein Bild von der Gruppe und ihrem Gottesdienst. Du wirst das Richtige finden.

Aber bitte suche Dir eine Gemeinde oder Gruppe. Es ist lebensnotwendig. Die Bibel kennt keinen Christen ohne Gemeinde. Das ist der geistliche Tod und der Anfang von einem Haufen Verwirrung. Es gibt welche, die meinen sie bräuchten keine lebendige Gemeinde. Hör nicht auf sie.

Wenn Du mal nach Bamberg kommst, würde ich mich freuen, Dich in der Jesus Gemeinde Bamberg begrüßen zu können. (www.jesus-gemeinde.de)

Weißt Du, daß Dein Leben nun in der Hand und Obhut von Jesus ist? Er hat nun Deine Erlaubnis, in Deinem Leben Dinge in Ordnung zu bringen und Dir zu helfen.

Du wirst sehn!

Ich bete für Dich und für jeden Leser dieses Buches.
Jesus segne Dich!

Warum Gebet?

Wir kommen mal langsam aber sicher zu der Frage, was hat denn bitte schön Gebet mit Polizei zu tun?

Nun ja, ich will´s mal so erklären.

Ich hab` festgestellt, daß Gebet Dinge verändert und in Bewegung bringt.
Aber dazu will ich folgendes sagen.

Gebet ist einfach das Gespräch mit Gott.

Nicht unbedingt vorformulierte Sachen, sondern frei weg, was Du auf dem Herzen hast und was Dich bewegt, wo Du Fragen hast oder auch worüber Du begeistert und dankbar bist. So wie ein Kind mit dem Papa spricht. Das kommt ja auch nicht mit vorformulierten Dingen, die schon 500 Jahre auf dem Buckel haben und redet so mit ihm.
Reden wie Dir gerade zumute ist, ehrlich, voller Vertrauen, zuhören, sich Zeit dafür nehmen, darüber nachdenken, …

Gebet ist nicht die „5 Minuten am Tag" oder vor´m Essen oder Schlafengehen. (wenn überhaupt!) Es ist den ganzen Tag! Auch wenn ich was Schönes erlebe, rede ich mit IHM und freue mich. Wenn es nicht so schön ist, sage ich es IHM auch. Gebet ist Gespräch, Gespräch über Gott und die Welt und Dein Leben. ER ist die ganze Zeit neben Dir, sprich Jesus wie einen guten Freund an.

Gott will nicht nur der Notnagel sein. ER will eine Beziehung mit Dir und mir, an Deinem und meinem Leben beteiligt sein. Er will mit uns reden, durch sein Wort - die Bibel, oder auch in unsere Gedanken hinein.

ER will mir Ideen geben, Lösungsansätze, Warnungen wenn etwas gegen mich kommt, ER ist beteiligt an meinem Leben. ER ist mein Leben! Mein ein und alles!

Wenn ich Streife fahr, ist ER dabei. Wenn´s brenzlig wird, ist ER meine Sicherheit und Friede, wenn ich nicht mehr weiß, was ich sagen soll (soll auch vorkommen) gibt ER mir die richtigen Impulse. Ich hab das so oft erlebt.

Was sagst Du Eltern, denen Du verklickern musst, daß sich ihr Sohn gerade vom Hochhaus gestürzt hat und nun zerschmettert am Boden liegt?

Das war früher die schwierigste Aufgabe auf Streife. Es gab keine Notfall-Seelsorger, kein Krisen-Interventionsteam. Das warst alles du, der einsame Polli. Das wurde auch nicht gelehrt, wie man es richtig macht. Wir wurden einfach über Funk verständigt, da und da hinzufahren und mitzuteilen, daß der und der unter den und den Umständen ums Leben gekommen ist. Nu mach mal!

Bei dem Fall mit dem Hochhaus war´s so: Wir klingelten an der Türe, es war spätabends, der Mann machte auf. Wir fragten ihn, ob der Johannes der Sohn sei, „wenn ja, dann müßten wir ihnen was mitteilen." Der Mann bejahte und wir baten, reinkommen zu dürfen. Die Frau war auch da.

Ich mein, es ist schon ziemlich klar, daß wenn spätabends plötzlich die Polizei klingelt und die irgendwas vom Sohn sagt, daß da ziemlich arg was im Busch ist.

Das war dann auch die erste Frage von der Mutter: „Is´was mit dem Johannes? Is´was passiert? Ach Gott! Es wird doch nix passiert sein!"

Da ist nicht viel Drum-herum-reden. Keine Zeit für Gesprächsdiplomatie. Sie vermuten ja sowieso schon das Richtige bzw. das Schlimmste, hoffen aber, daß es sich nicht bewahrheitet.

Also sanft geantwortet: „Es tut uns leid Ihnen mitteilen zu müssen, daß der Johannes ums Leben gekommen ist".

Wumm- die Bombe war geplatzt. Mitten hinein in das Leben der Familie, ihre Planungen und Träume. Ihr Glücklichsein, vielleicht aber auch in ihre noch so gut versteckten Probleme.

Der Mann brach gleich mit einem Heulkrampf auf der Couch zusammen, der Kollege kümmerte sich um ihn, nahm ihn wortlos in den Arm und ließ ihn heulen.

Die Frau reagierte ganz anders, sie sprang vom Stuhl auf, schnappte sich den Staubsauger und fing an, laut singend das Wohnzimmer zu saugen. Dabei sang sie immer wieder: „Dem Johannes geht´s gut, er ist bald daheim! Dem Johannes geht´s gut, er ist bald daheim! Tralla-la!"

Ok, wenn man das Überbringen von Todesnachrichten einige Male gemacht hat, weiß man bei bestimmten Reaktionen, was gleich kommt. Die Frau wird in Kürze zusammenbrechen und zu Boden gehen. Also blieb ich an ihrer Seite und wartete. Es sah so aus, als ob ich ihr beim Staubsaugen helfen wollte. Das, was ich gerade bei der Frau sah, war eine häufig gesehene Schockreaktion, ein Verdrängen, ein Nicht-wahr-haben-wollen, eine psychologische oder psychische Filterfunktion, um das gerade Gehörte langsam ins Bewusstsein sickern zu lassen.

Nach ca. fünf Minuten ließ sie den Staubsauger wortlos fallen und fing an umzufallen. Aber ich war ja da und fing sie auf. Ich setzte sie zu ihrem Mann auf die Couch, sie weinte bitterlich.

Nach einigen Minuten beruhigten sie sich etwas.
Ich betete im Stillen und fragte Gott, was ich tun sollte. ER gab mir einen Gedanken und ich setzte diesen um.

Ich sprach mit beiden über den Frieden Gottes, den ER geben will und fragte sie, ob ich für sie beten dürfte. Sie erlaubten es mir. Ich legte meine Arme um beide und bat Gott, daß er jetzt mit seinem Frieden kommen möge, um diese Leute zu trösten. Und tatsächlich – sie veränderten sich. Sie wurden ruhiger und ruhiger, die Atmosphäre im Raum hatte sich verändert. Es war heller und friedlicher geworden.
Nach kurzer Zeit konnten wir völlig ruhig über das Geschehene reden und alle weiteren Schritte besprechen. Wir verständigten noch Freunde von ihnen und warteten, bis sie kamen und sich um die Eltern des Johannes kümmerten.

Gebet hatte die Situation entschärft.

Ähnliches ist mir oft passiert. Durch das Gebet bekam ich in Krisensituationen die Weisheit und Ideen, was ich sagen und tun sollte.

Erinnerst Du dich an den Beginn des Buches, der bewaffnete Verbrecher? Auch die Situation wurde durch Gebet bereinigt.

Immer wieder merkte ich, daß Gebet mir auch im Dienst half. Komplizierte Vorgänge bekam ich auf die Reihe, ich entdeckte Straftaten, die andere nicht so leicht entdeckten, „seltsame" Dinge geschahen zu meinem dienstlichen Vorteil.

Einmal zum Beispiel kam ein Mann in die Wache, wo ich gerade Dienst verrichtete. Er sagte „ Ich möchte mich stellen, ich bin ein Autodieb, das gestohlene Auto steht draußen!"
Das war der Hammer. Ich dachte zuerst, ich hör nicht recht oder der will mich auf den Arm nehmen.

Aber das Auto vor der Wache war tatsächlich geklaut, zur Fahndung ausgeschrieben, der Kamerad auch. Also nahm ich ihn offiziell fest, na ja- er war ja schon in der Wache, aber es muß ja alles seine Richtigkeit haben. Der Mann erzählte dann, daß er eigentlich auf dem Weg nach Berlin war. Er war schon seit Stunden mit dem Auto unterwegs, als er kurz vor Bamberg immer wieder den drängenden Gedanken bekam: „Fahr in Bamberg zur Polizei und stelle dich". Letztlich tat er es, fuhr von der Autobahn runter und zu mir an die Wache. Ich mein, er hätte sich ja auf seiner langen Fahrt auch bei jeder anderen Polizei stellen können, die direkt an der Autobahn lag oder so. Aber nein, Bamberg – bei mir!

Ich übergab ihn an das Fachkommissariat der Kripo zur weiteren Sachbearbeitung. Wie ich später erfuhr, war das nicht sein erstes geklautes Auto, er machte bei den Kollegen von der Kripo reinen Tisch und war voll geständig.
Prima oder?

Mir war dann eingefallen, daß ich an dem Tag wie immer, um einen erfolgreichen Dienst gebetet hatte. Und das war er dann auch.

Mehr und mehr Erlebnisse wie diese brachten mich dazu, mehr über die Zusammenhänge von Gebet und Dienst nachzudenken.

Nimm Dir vor, mehr für Deine „Sachen" zu beten, erwarte eine Lösung von Jesus. Du darfst das erwarten! Schreib's auf, mit Datum. Und dann füge das Datum der Erledigung dazu!

Alles eine Frage des Autoritätsverständnisses

Ich mein`, beten tat ich seit meiner Kindheit. So wie ich es gelernt hatte. Ich richtete alles an Gott und hoffte, daß er irgendwas davon erhören würde. Ich war glücklich, wenn etwas in Erfüllung ging.

Ich der Bittsteller – ER der souveräne Gott, der macht, was ER will, ohne sich in die Karten schauen zu lassen.

So wuchs ich auf und hörte immer wieder, daß man Gott ja nichts vorschreiben oder von ihm fordern dürfe. Trotzdem könne man IHM vertrauen – und das tat ich auch.

Durch die Erfüllung mit dem Heiligen Geist (die Taufe in den Heiligen Geist hinein) bekam ich aber dann auch, es war so gegen 1985 – 1986, einen anderen Zugang zum Wort Gottes.

Viel tiefer, viel spezifischer. Mehr und mehr Zusammenhänge wurden mir offenbart, Bibelstellen, die ich vorher nicht verstand, waren plötzlich sonnenklar. Ich war seit 1970 bewußter Christ, aber die Taufe im Heiligen Geist machte einen riesigen Unterschied.

Wenn Du schon Christ bist, aber diese Taufe in den Heiligen Geist noch nicht erlebt hast, laß Dir raten, es Dir von Gott schenken zu lassen. Du wirst den Unterschied merken, Du wirst anfangen, in Sprachen zu reden, die Du selbst nicht verstehst, die direkt von Gott kommen und vieles mehr.
Es ist megastark.

Ich weiß, daß ich mit dem Absatz gerade bei Einigen auf Widerspruch und Gegenargumente stoße. Aber sorry – das ist mir ziemlich egal. Ich diskutiere nicht über Lehrmeinungen, das führt zu nix. Es kostet nur Zeit, Kraft und danach ist keiner glücklicher. Es kann ja auch jeder glauben, wie er es sieht. Das ist auch völlig ok für mich. Vielleicht das ein oder andere unverständlich – aber ok.

Ich habe den Unterschied persönlich erlebt, Jesus hat mich durch sein Wort und seinen Heiligen Geist überzeugt.
Ich sag's Dir aus voller Überzeugung und Leidenschaft: Es ist ein gewaltiger Unterschied, der Deinen Glauben nach vorne und oben katapultiert. Ich werde es um nichts in der Welt mehr hergeben! Es hat mein ganzes Leben verändert. Yeaaah!

Meine Zeit und Aufmerksamkeit gilt denen, die Jesus kennenlernen wollen, im Glauben wachsen und die herrliche, wunderwirksame Dimension Jesu sehen und erleben wollen. Davon ist die Bibel voll!

Zurück zum Gebet.
Durch den Heiligen Geist wurde mir plötzlich einiges klar.

Ich bin ein Kind Gottes.
Der allmächtige Gott ist mein Vater im Himmel.
ER ist der KÖNIG aller KÖNIGE.
Ich gehöre zu SEINER Familie.
Ich bin sozusagen ein Prinz.
(is' doch eigentlich jedem klar,
Kinder des Königs sind Prinzen und Prinzessinnen)
Ich habe das Vertrauen meines Vaters im Himmel.
Ich bin sein Botschafter, sein Repräsentant.
Ich habe Vollmacht bekommen, diesen Auftrag zu tun.
Die Ressourcen des Himmels stehen dafür bereit,
und viele Erkenntnisse mehr…

Ich fing an, mich mit dieser Erkenntnis zu beschäftigen und die Bibel danach zu durchforsten. Ich wollte, ich musste es wissen!

Hier nur ein paar der Bibelstellen, die mein geistliches Verständnis und Wachstum nach oben brachten.

„Wie viele ihn (Jesus) *aber* (in ihr Leben) *aufnahmen, denen gab er Macht, Gottes Kinder zu werden: denen, die an seinen Namen glauben.“*
Johannes 1 / 12
(eine meiner Lieblingsstellen, das hast Du schon gemerkt - oder?)

„So sind wir nun Botschafter an Christi statt, denn Gott ermahnt durch uns (die Kinder Gottes); so bitten wir nun an Christi statt: Laßt euch versöhnen mit Gott!“
2.Korinther 5 / 20

„Und er rief seine zwölf Jünger zu sich und gab ihnen Macht über die unreinen Geister, daß sie die austrieben und heilten alle Krankheiten und alle Gebrechen.“
Matthäus 10 / 1

„Geht aber und predigt und sprecht: Das Himmelreich ist nahe herbeigekommen. Macht Kranke gesund, weckt Tote auf, macht Aussätzige rein, treibt Dämonen aus. Umsonst habt ihr's empfangen, umsonst gebt es auch.“
Matthäus 10 / 7 + 8

(weitere Bibelstellen zeigen, daß auch andere Nachfolger Jesu diese Vollmacht bekommen hatten, nicht nur die zwölf Apostel. z.B. Lukas 10 / 1)

„ (Jesus) Wahrlich, ich sage euch:
Alles, was ihr auf Erden binden werdet,
soll auch im Himmel gebunden sein,
und alles, was ihr auf Erden lösen werdet,
soll auch im Himmel gelöst sein. "
Matthäus 18 / 18

Der Bibelvers aus Matthäus 10, wie die anderen auch, wollen persönlich genommen werden. Wenn ich ihn dann für mich persönlich nehme, ergibt es meine persönliche erweiterte Übersetzung (in Klammern) und die lautet folgendermaßen:

„Und er (Jesus) rief Günther zu sich
und (Er) gab Günther Macht über die unreinen Geister,
daß er die austriebe
und alle Krankheiten und alle Gebrechen heilen sollte."
(Wow- was für ein Mandat! Was für ein Vertrauen!)

„(Jesus sagt mir persönlich)
Geh aber und predige und spreche:
(in meinem Auftrag, für mich)
Das Himmelreich ist nahe herbeigekommen.
Mache Kranke gesund,
wecke Tote auf,
mache Aussätzige rein,
treibe Dämonen aus.
Umsonst hast Du es empfangen,
umsonst gebe es auch (weiter)."

Das ist allererste Sahne – oder? Viel zu lange hatte ich das nicht verstanden, daß ich damit gemeint war. Hatte nicht viel von der Matthäus 10 – Stelle umgesetzt. Uuups!

Die Handlungsvollmacht und der Auftrag lagen nutzlos, unbeachtet und damit wirkungslos im Schub. Und genau das

ist das Problem heute in der Christenheit.
Heute sehe ich es überall wo wir hinkommen. Und wir kommen viel rum. In einigen Ländern.

Vor lauter sozialen, politischen, umweltgerechten Predigten vergessen die Christen, was ihre primäre Aufgabe ist. Matthäus 10!

Wir haben den Fokus verdreht oder sogar verloren.

Wir haben die Kernaussage des Evangeliums hinten an gestellt und damit bewußt oder unbewußt als nicht so wichtig deklariert.

Wir haben die Überschrift zum Kleingedruckten gemacht und wundern uns über das Ergebnis?

Wundern uns, daß Menschen nicht mehr am Glauben interessiert sind.

Klar, die anderen Themen sind auch wichtig und sollten auch angesprochen werden, aber erst sollte das Evangelium von Jesus und der Errettung verkündigt und demonstriert werden.

Das ist schon ziemlich eindeutig. Das ist nicht theoretisch gemeint, nicht bildlich oder sinngemäß.

Gott sagt, was ER meint und Er meint, was ER sagt!

ER definiert klar, was sein Wille und sein Part ist, und definiert eindeutig, was ER seinen Kindern vertrauensvoll überträgt, in der Erwartung, daß diese den Willen des Vaters kennen und tun.

Hier kannst du mal notieren, was für Predigtschwerpunkte die Kirchen und Gemeinden an Weihnachten und Ostern, Pfingsten oder anderen besonderen Tagen bringen. Schau in die Zeitung oder Nachrichten. Ich wünsch Dir, daß Du nicht allzu entsetzt bist.

Unfallserie durch Gebet beendet ...
... und weitere Unfälle verhindert.

Eine der ersten Erfahrungen mit der Autorität war eine länger anhaltende Verkehrsunfallserie. Es schepperte plötzlich am laufenden Band. Verletzte, hohe Sachschäden, eine Unmenge an Schreibarbeit für uns.
Es ist schon klar, Unfälle passieren immer wieder, durch besondere Umstände, durch Unachtsamkeit, aber häufig auch durch den Leichtsinn und die Rücksichtslosigkeit der Fahrer.

Die Folgen sind dann doch gravierend. Fast jeder Beteiligte ist in einem Ausnahmezustand. Durch die seltsamsten Gründe.

Ich hatte eine Frau erlebt, die heftig schluchzend neben ihrem demolierten Wagen stand. Sie war nicht mal schuld an dem Unfall, aber der Wagen gehörte ihrem Mann, es war sein Heiligtum. Sie sagte immer wieder erschüttert: „Er bringt mich um, ich hab´sein Auto kaputt gemacht."

Alle Argumente halfen nix, von wegen: „ Sie sind ja nicht schuld", „ Sie können doch nix dafür, der Andere ist Ihnen doch reingefahren" oder ähnliches. Sie war nicht zu beruhigen.
Erst durch den Hinweis, daß wir mit ihr heimfahren würden, um mit dem Mann zu reden und sie zu schützen, beruhigte sie ein wenig.
Wir fuhren mit ihr dann tatsächlich heim und mussten einen tobenden Ehemann runterbeamen, der sauer auf seine Frau war, weil sie seine „Heilige Kuh" geschrottet hatte.
Mamma mia!

Ein Anderer, ein junger Kerl, verursachte durch überhöhte Geschwindigkeit einen Riesen-Crash, mit Verletzten und einem hohen Sachschaden.

Statt sich um die Verletzten zu kümmern, stand er neben seiner Blechschüssel und streichelte immer wieder über den zersplitterten Lack. „ Der Lack! Der Lack! Es ist eine Speziallackierung! So eine Katastrophe!"

Auch hier nützten alle vernünftigen Argumente und Belehrungen nix. Wir mussten ihn wirklich schütteln, um ihn aus seinem Zustand rauszukriegen.

Das waren zwei Extrembeispiele, aber auch jeder andere Beteiligte ist plötzlich mit Folgen konfrontiert.

Folgen finanzieller Art, körperlicher-gesundheitlicher Art, rechtlicher Konsequenzen, eingeschränkter Mobilität und so weiter.

Also besser, die Unfälle passieren gar nicht.

Aber wie gesagt, es krachte am laufenden Meter.

Es war auffallend. Sogar den Kollegen fiel das auf. „Das ist ja wie verhext" und „Das ist doch nimmer normal" waren ihre überzeugten Aussagen dazu.

Und ich merkte, hier war ich wieder gefordert. Ein Mann für die Spezialfälle. Und Gott zeigte mir, daß ich hier was machen sollte.

Glaube in Aktion, Glaube mit dem Autoritätsverständnis, das ich die letzten Monate bekommen hatte.

Und so fing ich an, gegen die Ursachen zu sprechen.

„Im Namen Jesu,
ich binde die zerstörerischen Kräfte
und befehle das Ende der Unfallserie!"

Meine Grundlage war das Wort Gottes und die Erkenntnis, daß ich den Auftrag von Gott hatte, hier auf der Erde was Positives zu bewirken und die Werke der Finsternis nicht einfach hinnehmen müsse.

Ich zitiere hier mal ein paar kleine Abschnitte aus meinem Buch „Apostelgeschichte 29", die ich im Zusammenhang mit Autorität und Heilungen und Befreiungen geschrieben habe. Sie erscheinen mir hier fast unverändert aussagekräftig und es paßt auch genau zur Polizei. Ein paar Zeilen hab ich neu dazugefügt.

(modifizierter Auszug Anfang, Seite 18)
Jesus zeigte mir in der Bibel einige Stellen, die mit „Sprechen" zu tun hatten und mit einem Verständnis von Autorität im Glauben.

Ok – das Verständnis von Autorität war mir durch meine Berufsausbildung als Polizist und der damit verbundenen Berufserfahrung nicht fremd.

Wenn ich in Uniform war, einem 40-Tonner LKW ein Anhaltezeichen gab, dann befolgte er das Zeichen.
Nicht weil ich so groß oder angsteinflößend bin, nicht so schön oder was weiß ich, er hält einfach nur, weil er gelernt hat, Erkennungsmerkmale und Zeichen von Autorität zu achten. (äh - normalerweise!) Zum Beispiel sieht er meine Uniform, meine Dienstmütze, meinen Streifenwagen …

Es gibt sogar eine Bibelstelle, die das genauso beschreibt:

„Als aber Jesus nach Kapernaum hineinging,
trat ein Hauptmann zu ihm; der bat ihn und sprach:
Herr, mein Knecht liegt zu Hause und ist gelähmt
und leidet große Qualen.
Jesus sprach zu ihm: Ich will kommen
und ihn gesund machen.
Der Hauptmann antwortete und sprach:
Herr, ich bin nicht wert,
daß du unter mein Dach gehst,
sondern sprich nur ein Wort,
so wird mein Knecht gesund.
Denn auch ich bin ein Mensch,
der Obrigkeit (Autorität) untertan,
und habe Soldaten unter mir;
und wenn ich zu einem sage:
Geh hin!, so geht er;
und zu einem andern:
Komm her!, so kommt er;
und zu meinem Knecht:
Tu das!, so tut er's.
Als das Jesus hörte, wunderte er sich
und sprach zu denen, die ihm nachfolgten:
Wahrlich, ich sage euch:
Solchen Glauben habe ich in Israel bei keinem gefunden!"
Matthäus 8 / 5 – 10

„Und Jesus sprach zu dem Hauptmann:
Geh hin; dir geschehe, wie du geglaubt hast.
Und sein Knecht wurde gesund zu derselben Stunde."
Matthäus 8 / 13

Wow - das verstand ich. Ich fand plötzlich noch mehr Stellen und verstand den Zusammenhang.

„ Und er (Jesus) *machte sich auf aus der Synagoge*
und kam in Simons Haus.
Und Simons Schwiegermutter hatte hohes Fieber
und sie baten ihn für sie. Und er trat zu ihr und gebot dem
Fieber und es verließ sie.
Und sogleich stand sie auf und diente ihnen. "
Lukas 4 / 38 – 39

„ Wahrlich, ich sage euch: Wer zu diesem Berge spräche:
Heb dich und wirf dich ins Meer!,
und zweifelte nicht in seinem Herzen,
sondern glaubte, daß geschehen werde,
was er sagt, so wird's ihm geschehen. "
Markus 11 / 23
(hier Ende Buchauszug Seite 20)

(Fortsetzung Buchauszug Seite 35)
Das Wort Gottes ist absolut wahr und vertrauenswürdig. Es
ist kraftvoll und mächtig, alles zu überwinden. Es wird in alle
Ewigkeit bestehen. Es wird immer noch in Autorität stehen,
wenn die Worte schlauer Menschen, die Worte von
irgendwelchen Religionsgründern oder anderen längst keinen
Bestand mehr haben. Warum das so ist?

Weil Jesus selbst das Wort Gottes ist!
(Auzug Ende Seite 35)

„Im Anfang war das Wort, und das Wort war bei Gott,
und Gott war das Wort ... "

„ ... und das Wort ward Fleisch und wohnte unter uns,
und wir sahen seine Herrlichkeit,
eine Herrlichkeit als des eingeborenen Sohnes vom Vater,
voller Gnade und Wahrheit. "
Johannes 1 / 1 und 14

„Und ich sah den Himmel aufgetan;
und siehe, ein weißes Pferd.
Und der darauf saß, hieß: Treu und Wahrhaftig,
und er richtet und kämpft mit Gerechtigkeit.
Und seine Augen sind wie eine Feuerflamme,
und auf seinem Haupt sind viele Kronen;
und er trug einen Namen geschrieben,
den niemand kannte als er selbst.
Und er war angetan mit einem Gewand,
das in Blut getaucht war,
und sein Name ist: Das Wort Gottes.
Und ihm folgten die Heere im Himmel auf weißen Pferden,
angetan mit weißer, reiner Seide.
Und aus seinem Munde ging ein scharfes Schwert,
daß er damit die Völker schlage;
und er wird sie regieren mit eisernem Stabe;
und er tritt die Kelter,
voll vom Wein des grimmigen Zornes Gottes,
des Allmächtigen,
und trägt einen Namen geschrieben auf seinem Gewand
und auf seiner Hüfte:
König aller Könige und Herr aller Herren."
Offenbarung 19 / 11 bis 16
(Eine Beschreibung von Jesus in der Offenbarung)

(Fortsetzung Buchauszug Seite 35)

Du kannst es theoretisieren, zerpflücken, als unwahr bezeichnen, in Frage stellen, verkomplizieren und was weiß ich nicht alles. Es wird sich am Wahrheitsgehalt nichts ändern. Jesus war – und ist das Wort Gottes und wird es immer bleiben. Deswegen ist auf die Bibel Verlaß.

Ich habe mich entschieden, dem Wort Gottes voll zu vertrauen, auch wenn ich manches noch nicht verstehe, manche Frage nicht beantworten kann oder Leute mit Argumenten kommen, die sich gut und richtig anhören, aber dem Wort Gottes entgegenstehen.

106

Meine Befindlichkeit entscheidet nicht über die Richtigkeit des Wortes Gottes.
(Buchauszug Ende Seite 35)

(Buchauszug Seite 47)
Es geht darum, daß ich verstanden hatte, was das Wort Gottes explizit erklärt.

Ich habe Autorität von Jesus erhalten, um in seinem Namen zu handeln.

Das heißt, ich weiß was Jesus will, welche Mittel zur Verfügung stehen und was ich darf und nicht.
Das ist Verständnis von Autorität und Glaube. Gott beim Wort nehmen, weil ER es gesagt und gemeint hat.
Ich handle als Bevollmächtigter im Namen und der Kraft dessen, der mich beauftragt hat.

Ich möchte es an meinem Polizeiberuf verdeutlichen.
Der Staat hat mich in ein Dienstverhältnis genommen und mich dazu ausgebildet, um in seinem Auftrag für Recht und Ordnung zu sorgen. Er verwendet viel Geld und Zeit, um mich gut zu trainieren, bevor ich auf die Straße entlassen werde. Ich bekomme einen Dienstausweis, der mich legitimiert und mich als Handlungsbevollmächtigten im Rahmen der Gesetze ausweist. Er stellt alles zur Verfügung, was ich dazu brauche. Uniform, Waffe, Streifenwagen, Computer, Papier, mein Gehalt, usw.

Solange ich im Rahmen der Bevollmächtigung handle, steht der Staat als Auftraggeber voll zu mir und tritt für mich und mein Handeln auch juristisch ein. Er schützt mich.

Soweit alles klar.

Ein falsches Verständnis wäre jedoch, wenn ich zum Beispiel bei einem einfachen Falschparker den Innenminister anrufen und ihn bitten würde, den frechen Autofahrer zu verwarnen. Der Innenminister (wahrscheinlich sehr begeistert) würde mir antworten: Das ist Ihr Job, dafür habe ich Sie autorisiert.

Genauso ist es im Glauben.
Jesus hat uns autorisiert, in seinem Namen Dinge zu tun. Zu den Problemen und Krankheiten zu sprechen, um es zu ändern.
(Buchauszug Ende Seite 48)

Also in diesem Sinne - zum Problem sprechen!

„Im Namen Jesu,
ich binde die zerstörerischen Kräfte
und befehle das Ende der Unfallserie!"

Und was meinst Du ist passiert? Es gab noch mehr Unfälle!

Das gibst's doch nicht. Damit hatte ich nicht gerechnet. Ich hatte gedacht, es funktioniert.

Dann stellte ich fest, daß ich ganz komische Gedanken hatte. „Hör auf so zu beten, sonst wird's noch schlimmer!"

Aha! Da lag also der Hund begraben. Daher wehte der Wind. Da wollte mich jemand verwirren, mir den Schneid abkaufen, mich entmutigen (3x darfst Du raten, wo's herkam.)

Ich betete zu Jesus und fragte, was hier los sei. Er gab mir auch prompt eine Antwort.

Mit diesem Gebet, bzw. Befehl, griff ich eine Bastion des Teufels an. Und das gefiel ihm nicht. Er wußte, daß wenn ich gemäß dem Wort Gottes handeln und entsprechend glauben würde, hätte er keine Chance, er müßte das Feld räumen.

Jesus bestärkte mich, weiter zu befehlen und das Ende der Serie zu fordern. Es sei wie beim altbekannten Armdrücken: Drücken – dagegenhalten - eigenen Druck verstärken – nicht aufgeben – nicht irr machen lassen – und gewinnen, den Anderen auf die Tischplatte knallen!! Yes Sir!

Also befahl ich weiter, ungeachtet, daß die Unfallzahlen stiegen und die Unfälle schwerer wurden.

Und dann, nach ungefähr ein oder zwei Wochen, hörten die Unfälle plötzlich auf. Wie abgeschnitten. Nix mehr. Kein kleinster Blechschaden mehr. Ich hatte ihn auf der Tischplatte.

Und jetzt natürlich nicht aufhören. Weiter drauf. Das Feld behalten.
Und so betete ich für Ruhe und Ordnung in meinem Dienstbereich.
In den anderen Dienstbereichen außenrum schepperte es, hatten die Kollegen einen Haufen Arbeit. Wenn ich Dienst hatte, war es in unserem Dienstbereich vergleichsweise ruhig. Das fiel dann sogar den Kollegen und Angestellten irgendwann auf.

Ich kam mal zurück vom Urlaub und wurde von einer Angestellten freudig begrüßt. „Gott sei Dank Günther, daß Du wieder da bist. Jetzt wird's wieder ruhig. Wenn Du da bist, ist es immer ruhiger."

Stimmt ja, im Urlaub hatte ich vergessen, für meinen Dienstbereich zu beten. Wie nachlässig von mir. Das hatten sie gleich gemerkt. Die Arbeitsbelastung war sofort gestiegen. Aber jetzt sank sie sofort wieder.

Aber es fiel mir dadurch auch auf, daß ein Unterschied zu sehen war, ob ich betete und gebot, Autorität einsetzte oder nicht.

Es wäre jetzt gelogen zu sagen, es sei nie mehr was passiert. Aber ich stellte fest, es passierte weniger, Serien wurden beendet, weniger Arbeit.

Warum es nicht immer den von mir gewünschten „Erfolg" hatte, weiß ich noch nicht. Ich glaube, daß das schon ganz schön vielschichtig ist. Aber es war ein beachtlicher Anfang und ich setzte es so oft ein wie möglich.

Das war auf jeden Fall schon mal eine erfolgreiche Aktion zur Bereinigung der Unfallstatistik. Klasse.

Ich muß aber auch ehrlicherweise zugeben, daß ich es einfach oft vergaß zu tun. Irgendwie schaffte es Mr. Dunkel immer wieder, diese Vorgehensweise von Gebet / Befehl mir vom Schirm zu klauen.

I´m sorry – Jesus und Leute da draußen, und natürlich sorry Kollegen für die dadurch verbundene Arbeit.

Todesbrücke wird normale Brücke

Wir waren vor ein paar Jahren auf einer Missionsreise in Brasilien und ein befreundeter Pastor dort erzählte uns, daß sie hier bei ihrer Stadt eine hohe Brücke hätten, wo Leute aus der ganzen weiteren Region herkommen und sich von der Brücke zu Tode stürzen würden.

Wir kamen darüber ins Gespräch und ich fragte ihn, was er, bzw. seine Gemeinde dagegen tun würden.

„Na nix, was soll man denn dagegen machen? Das ist halt so."

Wir realisierten, daß er und seine Gemeinde (übrigens auch viele Gemeinden, die wir weltweit kennengelernt hatten) keine Ahnung von durchschlagendem Gebet durch Autorität und Gebieten / Sprechen hatten.
Wir besprachen es mit ihm in ähnlicher Form wie hier im Buch beschrieben. Ihm gingen Kronleuchter auf. Er hatte verstanden.

Wir fuhren zu der Brücke raus und gemeinsam geboten wir diesem Geist des Todes, den Ort zu verlassen und aus der Region zu verschwinden.

Wir ermutigten unseren Freund, die Gemeinde zu lehren und nicht nachzulassen, es zu praktizieren.

Nach einigen Wochen, wir waren wieder zu Hause, schrieb er uns eine Nachricht, daß die Selbstmorde überraschend aufgehört hätten. Kein einziger mehr. Eine jahrelange Serie war zu Ende.
Alle Ehre sei Jesus für die Wirksamkeit seines Wortes!

Zufall?

Wenn ich diese Beispiele erzähle, bekomme ich öfters zur Antwort, das sei alles Zufall. Damit drücken sie dann aus, daß sie glauben, diese Sachen seien zu Ende gegangen, ohne daß meine „Gebetsaktionen" irgend etwas dazu beigetragen hätten.

Naja, es ist schon interessant, was Leute alles glauben. Im Leben glauben sie voll kopforientiert, wissenschaftshörig und so. Glauben an Ursache und Wirkung, und „wo nix is´, is´ nix".
Und dann erzählen sie mir was vom Aufhören, ohne Grund. Krass – oder?

Ich sage ihnen dann erst mal, so spaßhalber, daß ich auch glaube, daß es Zufall ist. Damit irritiere ich sie zunächst etwas, (aber gerne – immer wieder!) laß´ aber dann die Katze aus dem Sack.
Je mehr ich für diese Sachen beten würde, um so mehr Zufälle würden passieren. Ist doch eigenartig – oder sollte ich „Zufall" sagen?
Wenn ich nicht bete, geschehen diese Zufälle nicht. Also bete / gebiete ich und erwarte den Zufall.

Die andere Frage ist ja die Definition von „Zufall".
Fragt man Wikipedia (Stand 21.03.2018) gibt es eine Menge Definitionen aus den verschiedensten Bereichen mit unterschiedlichen Ansätzen.
Eine eher allgemeine Definition in der ganzen Menge lautet:
„Von **Zufall** spricht man dann, wenn für ein einzelnes Ereignis oder das Zusammentreffen mehrerer Ereignisse keine kausale Erklärung gegeben werden kann. Als kausale Erklärungen für Ereignisse kommen in erster Linie allgemeine Gesetzmäßigkeiten oder Absichten handelnder Personen in Frage. Die *Erklärung* für Zufall ist also gerade der Verzicht auf eine (kausale) Erklärung."

Also doch: „Wo nix is´, is´nix." Oder doch nicht? Es fehlt einfach an der Erklärung. Das ist interessant, daß sich Wissenschaftler aller Couleur einig sind, nicht auf alles eine Erklärung zu haben. Viele Thesen, Fachaufsätze, Theorien usw. sind nur Erklärungsversuche. So ist ja auch die Evolutionstheorie nur ein nicht bewiesener Erklärungsversuch, obwohl es uns als bewiesene Tatsache verkauft wird. Das stimmt nicht. Es ist der krampfhafte Versuch eines Gottesleugners, die Schöpfung ohne den Schöpfer zu erklären. Ein endloses, unvollständiges, sinnloses und eigentlich dummes Unterfangen.

Wenn es so hinhauen würde, könnte man eine halbe Tonne verschiedener Metalle, Kunststoff, Gummi und Lack ins All schießen (vorausgesetzt es gäbe das Zeug schon) und dann wartet man ein paar milliönchen Jahre und es entwickelt sich von selbst, nach Darwin, ein Mercedes, 450 SL in rotmetallic mit allem Schnick-Schnack – mit WLAN!!!!!!
Aus den verschiedenen Metallen wird von selbst eine Legierung, aus einem Klumpen Kupfer werden – von selbst natürlich – feinste Drahtfasern für Kabel, ...
Ok – alles klar?

Also nur, weil einer einen Erklärungsversuch macht und beweisen will, daß es auch ohne Schöpfer geht, oder gar keine Erklärung hat, heißt es doch nicht, daß nicht doch jemand im Hintergrund die Kontrolle hat, die Fäden zieht. Daß es nicht doch eine geistliche Realität hinter unserem Irdischen gibt.

Der Gott der Bibel, der Vater unseres Herrn Jesus Christus, ist der Schöpfer aller Dinge. ER ist der große Ingenieur, der genialste und einfallsreichste Erfinder, den das Universum jemals gesehen hat und sehen wird.

„Am Anfang schuf Gott Himmel und Erde ...

... Und Gott sprach:
Es werden Lichter an der Feste des Himmels,
die da scheiden Tag und Nacht.
Sie seien Zeichen für Zeiten, Tage und Jahre
und seien Lichter an der Feste des Himmels,
daß sie scheinen auf die Erde.
Und es geschah so.
Und Gott machte zwei große Lichter:
ein großes Licht, das den Tag regiere,
und ein kleines Licht, das die Nacht regiere,
dazu auch die Sterne.
Und Gott setzte sie an die Feste des Himmels,
daß sie schienen auf die Erde
und den Tag und die Nacht regierten
und schieden Licht und Finsternis.
Und Gott sah, dass es gut war.
Da ward aus Abend und Morgen der vierte Tag. "
1.Mose 1 / 1 + 14 - 19

„Sie haben Gottes Wahrheit in Lüge verkehrt
und das Geschöpf verehrt und ihm gedient
statt dem Schöpfer, der gelobt ist in Ewigkeit. Amen. "
Römer 1 / 25

„ Mit wem wollt ihr mich also vergleichen,
dem ich gleich sei?, spricht der Heilige (Gott).
Hebt eure Augen in die Höhe und seht!
Wer hat all dies geschaffen?
Er führt ihr Heer (das Heer der Sterne) *vollzählig heraus*
und ruft sie alle mit Namen;
seine Macht und starke Kraft ist so groß,
daß nicht eins von ihnen fehlt. "
Jesaja 40 / 25 + 26

Eine englische Übersetzung bringt das mit den Sternen genauer auf den Punkt. Deutsche Übersetzungen nennen es nur das „Heer".

Aber es geht nicht um Soldaten. Es geht um das Universum.

„So who will you compare me to?
Who is equal to me?" says the Holy One.
Look up toward the sky.
Who created everything you see?
*The Lord causes **the stars** to come out at night one by one.*
He gives each one of them a name.
His power and strength are great.
So none of the stars is missing."
(New International Readers Version)

Auch eine spanische Übersetzung redet in der Stelle von den unzählbaren Massen der Sterne.

„¿Con quién, entonces, me compararéis vosotros?
¿Quién es como yo?, dice el Santo.
Alzad los ojos y mirad a los cielos:
¿Quién ha creado todo esto?
*El que ordena **la multitud de estrellas** una por una,*
y llama a cada una por su nombre.
¡Es tan grande su poder, y tan poderosa su fuerza,
que no falta ninguna de ellas!"
(Nueva Versión International)

Mann o Mann! Was für ein Gott! Was für eine Majestät! Welch ein Schöpfer! Was für eine Gewalt und Souveränität! Der alle Sterne beim Namen kennt und sie auf seine Bahn ruft, und auch jedes Haar auf Deinem Kopf gezählt hat!

Wir reden hier nicht über einen „Möchte-Gern", einen „Mister Wichtig". Wir reden vom König aller Könige, vom Herrn aller Herrn, vom Schöpfer aller Dinge, auch wenn sich manche „Möchte-Gern" hier auf der Erde die Ohren dabei zuhalten. Es nicht hören wollen, weil es ihre Weltanschauung ankratzt. Es ändert nix – Gott ist der Schöpfer!!!!!!

ER, der den Überblick hat und immer haben wird, die Zusammenhänge kennt und den Menschen, die Krone der Schöpfung, unendlich liebt. Dies hat er unter Beweis gestellt, daß ER nach dem Sündenfall von Adam und Eva, seinen Master-Rettungsplan ersann und Jesus in den Ring brachte. Gott sei Dank dafür!

„Denn also hat Gott die Welt geliebt,
daß er seinen eingeborenen Sohn gab,
auf daß alle, die an ihn glauben,
nicht verloren werden, sondern das ewige Leben haben.
Denn Gott hat seinen Sohn nicht in die Welt gesandt,
daß er die Welt richte,
sondern daß die Welt durch ihn gerettet werde.
Wer an ihn (Jesus) *glaubt, der wird nicht gerichtet;*
wer aber nicht glaubt, der ist schon gerichtet,
denn er hat nicht geglaubt an den Namen
des eingeborenen Sohnes Gottes. (Jesus Christus)*"*
Johannes 3 / 16 – 18

„ ...Jetzt aber, am Ende der Zeit, hat er (Gott)
durch seinen eigenen Sohn (Jesus) *zu uns gesprochen.*
Der Sohn ist der von Gott bestimmte Erbe aller Dinge.
Durch ihn hat Gott die ganze Welt erschaffen.
Er ist das vollkommene Abbild von Gottes Herrlichkeit,
der unverfälschte Ausdruck seines Wesens.
Durch die Kraft seines Wortes
trägt er das ganze Universum.
Und nachdem er das Opfer gebracht hat,
das von den Sünden reinigt,
hat er den Ehrenplatz im Himmel eingenommen,
den Platz an der rechten Seite Gottes,
der höchsten Majestät. "
Hebräer 1 / 2 + 3 (Neue Genfer Übersetzung)

„Wenn ich sehe die Himmel, deiner Finger Werk,
den Mond und die Sterne, die du (Gott) *bereitet hast:"*
Psalm 8 / 4

Der Gott der Bibel ist mein Vater im Himmel, der mich liebt und sich um mich kümmert. Der mir zuhört. Der mich durch und durch kennt. Das beruhigt, weil ich erkenne, ich muß und ich kann IHM nichts vormachen. Wie beruhigend.

So oft strengen wir uns mit aller Kraft und Mühe an, unsere Fassade aufrecht zu halten. Vor Menschen mag es funktionieren, vor Gott nicht. Menschen können wir täuschen oder beeindrucken, Gott nicht. Gott sei Dank!

„Aber der HERR sprach zu Samuel:
Sieh nicht an sein Aussehen und seinen hohen Wuchs;
ich habe ihn verworfen.
Denn es ist nicht so, wie ein Mensch es sieht:
Ein Mensch sieht, was vor Augen ist;
der HERR aber sieht das Herz an."
1.Samuel 16 / 7

Und wenn ich bete, dann „fallen mir Dinge zu".
Also „Zufall" aufgrund Gebet. „Zugefallen" von Gott!
„Zufall" aufgrund der Ausübung von Autorität im Glauben, gemäß dem Wort Gottes und in seinem Namen.

Das ist meine Erklärung aufgrund von Glauben, dem Wort Gottes, meiner Erfahrung in diesen Dingen.

Und mir wird noch viel „zufallen"!

Hier kannst Du mal Deine „Gebets-Zufälle" aufschreiben.

Betrunkener „Messerstecher" entwaffnet

Ein anderes Beispiel ist ein Erlebnis, das ich einmal im Nachtdienst hatte. Wir hatten zu der Zeit ein großes Bierfest im Dienstbereich, mit den üblichen Nebenerscheinungen. Schlägereien, Sachbeschädigungen und eine Unmenge an Betrunkenen.

Wir bekamen auf Streife die Order, dorthin zu fahren, ein Betrunkener bedroht mit einem Messer Festbesucher. Wir fuhren mit mehreren Streifen von verschiedenen Seiten an, weil die Örtlichkeit, wo er sich befand, klar war.

Bei unserem Eintreffen näherten wir uns gleichzeitig unter entsprechender Funkabsprache an den Ort des Geschehens. Der betrunkene „Möchtegern-Rambo" stand mit einem großen Messer in der Hand auf einem Rasenstück und schrie immer wieder lautstark: „Kommt halt her, ich stech´ Euch ab!"

Um ihn herum, im weiten Kreis, hatte sich wie üblich eine Menge Schaulustige versammelt. Der Betrunkene stand mitten im Kreis der Leute, schrie rum und fuchtelte mit dem Messer.

Wir mußten zusehen, daß wir die Lage in den Griff kriegten, bevor es wirklich eskalierte.
Der kritische Punkt bei so was ist dann immer, wenn der „Störer", so nennt man die Person, die den Polizeieinsatz auslöst, weil sie die öffentliche Sicherheit und Ordnung „stört", die Polizei sieht.

In dem Fall ist ja die Polizei der Feind, der ihm Böses will.

Also näherte sich eine 2-Mann Streife von vorne, offen sichtbar, direkte Ansprache, auch von Rechts wegen. Wir näherten uns vorsichtig von hinten, verdeckt, um gegebenenfalls einen Überraschungszugriff starten zu können.

> „Hier ist die Polizei!
> Werfen Sie das Messer weg!
> Leisten Sie keinen Widerstand!"

Erste direkte, klare, offensive Ansprache.

Der Mann reagiert wie erwartet, nimmt die zwei Kollegen ins Visier, konzentriert sich auf sie.

> „Kommt doch her, holt mich halt, ich stech euch ab!"

Dabei fuchtelt und zielt er mit seinem Messer in die Richtung der beiden Polli, tänzelt auf und ab.

Der Kreis, in dem er steht ist vom Radius her ziemlich groß, die Leute halten respektvoll vom Messer Abstand. Es wird sehr schwierig, uns unbemerkt von hinten an ihn anzupirschen, denn es besteht die Möglichkeit, daß wir trotzdem in seinen Gesichtskreis kommen und er uns bemerkt.
Dann wären wir ziemlich ungeschützt dem Messer ausgeliefert. Und das wäre gar nicht gut.

Schießen kommt wegen der Leute nicht in Frage, die Gefahr, Unbeteiligte zu treffen, ist zu groß. Auch haben wir noch keine wirkliche „Notwehrsituation.

Auf unser Pfefferspray ist bei Betrunkenen auch nicht wirklich Verlaß, wir würden es aber auf jeden Fall einsetzen.
Trotz der Umstehenden, die vielleicht dann auch was abkriegen würden.

Also was tun in der brenzligen Situation?

Ich zog meine „geistliche Waffe" und ganz leise, für keinen anderen zu hören, sagte ich:

„In Jesu Namen,
ich binde die Geister von Gewalt und Bedrohung!
Ich befehle Dir, das Messer wegzuschmeißen
und Dich widerstandslos zu ergeben!"

Es hatte keiner gehört. Mein Kollege nicht, keiner der Umstehenden, schon gar nicht der Betrunkene.

Aber einer hatte es gehört. Dieser Geist von Gewalt.
Er hatte mich kommen sehen, er kannte mich als ein Kind Gottes. Er haßte mich, weil ich Jesus liebte. Er hoffte, daß ich keine Ahnung von den Machtverhältnissen in der geistlichen Welt hatte. Er hoffte, daß ich keine Ahnung von geistlicher Autorität hatte.
Und er wurde auf das Bitterste enttäuscht. Ich hatte!
Und zwar wie! Ich hatte – mit wachsender Begeisterung.
Und ich hatte die Frechheit, das auch gegen ihn einzusetzen.

Es dauerte vielleicht ein, zwei Minuten. Dann blieb der Betrunkene plötzlich stocksteif stehen, als wenn ihm jemand einen gewaltigen Gong verpaßt* hätte.
Er starrte sprachlos, mitten im Satz erstarrt, in die Luft.

Dann ließ er das Messer fallen, als hätte er heißes Eisen in der Hand. Streckte die Arme in die Höhe und rief:

„Ich ergebe mich! Bitte tut mir nix!"

Jetzt heulte der Kerl, der gerade noch aufgesprochen hatte wie der King, wie ein kleiner Junge, der in die Hose gemacht hatte.
Welch eine Veränderung, welch ein durchschlagender Erfolg.

Solche Situationen habe ich des öfteren erlebt. Der Befehl schlug ein wie eine Granate und erzielte die gewünschte Wirkung.

Aber ehrlicherweise muß ich auch hier sagen, nicht immer hatte es Erfolg. Die Gründe dafür weiß ich bislang auch nicht, aber ich werde es mit Hilfe des Wortes Gottes in Erfahrung bringen. Denn das Wort Gottes ist in der Richtung eindeutig und unmißverständlich. Es ist eine Frage meines Glaubens, und der ist ausbau- und entwicklungsfähig. Und entwicklungsbedürftig. Es gibt kein „Genug" oder „es reicht". Da geht immer noch mehr. Ganz klar. Sehe ich auch so. Erkenntnis ist Stückwerk, also ist noch Luft nach oben.

„Seht, ich (Jesus, der Sieger über den Teufel)
habe euch (seinen Nachfolgern, die sein Wort ernstnehmen)
Macht gegeben, zu treten auf Schlangen und Skorpione,
und Macht über alle Gewalt des Feindes;
und nichts wird euch schaden.
Doch darüber freut euch nicht,
daß euch die Geister untertan sind.
(Es geht nicht um eine Show, auch wenn es noch so
spektakulär sein kann)
Freut euch aber,
daß eure Namen im Himmel geschrieben sind."
(Das ist der Hauptpunkt bei Allem – die ewige Errettung)
Lukas 10 / 19 + 20

„Und er rief seine zwölf Jünger zu sich
und gab ihnen Macht über die unreinen Geister,
daß sie die austrieben
und heilten alle Krankheiten und alle Gebrechen."
(I like it!)
Matthäus 10 / 1

Drogenring fliegt auf ...
... wie Gebet eiserne Russenmentalität durchbricht

Eine andere Begebenheit war auch sehr spannend und endete letztlich mit einem großen, polizeilichen Erfolg.

Vor einigen Jahren etablierte sich in der deutsch-russischen Aussiedlerszene in meinem Dienstort ein Heroin-Drogenring. Plötzlich waren sie da, versorgten nicht nur die jungen Aussiedler mit Heroin, sondern es schwappte auch zu deutschen Konsumenten über. Das Ding wurde immer größer und wir als Polizei kamen nicht an den eigentlichen Drogenring ran. Der war so eisern zusammengeschweißt. Keiner verriet etwas. Die bissen sich lieber die Zunge ab, als was zu sagen.
Mit brutaler Gewalt bestraften sie Leute, die zuviel sagten oder aus Versehen was sagten. Sie statuierten Exempel mit der gewünschten Wirkung.

Die Mauer des Schweigens war so dick und stark, daß rein gar nix vom Chef dieser Drogenbande bekannt war oder wurde. Überhaupt nichts. Er war wie ein Geist.

Bei einer Dienstbesprechung kam das zur Sprache und Frust machte sich bei den Ermittlern breit. Es gab keine Ansatzpunkte, an denen man den Ermittlungshebel ansetzen konnte. Monatelang nix – welch ein Frust.
Ich meinte bei der Besprechung dann nur: „Naja - dann hilft nur beten weiter."

Ich ging mit diesem Anliegen in unsere Gemeinde, wo wir einmal wöchentlich seit nunmehr 26 Jahren in der Jesus Gemeinde Bamberg zusammenkommen, um zu beten. An diesem Abend geht es nicht um persönliche Gebetsanliegen, sondern um Belange aus Politik, Gesellschaft, Nöte, Katastrophen, besorgniserregende Entwicklungen für

Deutschland, die Bundesländer, speziell Bayern (klar, hier wohnen und arbeiten wir), Stadt und Landkreis Bamberg. Aber auch für Europa und die Nationen der Welt mit ihren Konflikten – und für meinen jeweiligen Dienstort.

Ein umfassendes Gebetsprogramm, mit immer wieder neuen Herausforderungen.

Jesus erklärt seinen Jüngern, daß das ihre Aufgabe sei. Hineinzuwirken, aktiv werden, sichtbar werden in dieser Welt. Die Chancen des Gebetes zu nutzen, um schädliche Einflüsse auf diese Welt und ihre Bewohner unschädlich zu machen. Den Fäulnisprozeß aufhalten oder gar nicht erst aufkommen zu lassen.

Gucks´t Du:

> *„ Ihr* (die Nachfolger Jesu) *seid das Salz der Erde.*
> *Wenn nun das Salz nicht mehr salzt,*
> *womit soll man salzen?*
> *Es ist zu nichts mehr nütze,*
> *als daß man es wegschüttet*
> *und läßt es von den Leuten zertreten.*
> *Ihr seid das Licht der Welt.*
> *Es kann die Stadt, die auf einem Berge liegt,*
> *nicht verborgen sein.*
> *Man zündet auch nicht ein Licht an*
> *und setzt es unter einen Scheffel,*
> *sondern auf einen Leuchter;*
> *so leuchtet es allen, die im Hause sind.*
> *So laßt euer Licht leuchten vor den Leuten,*
> *damit sie eure guten Werke sehen*
> *und euren Vater im Himmel preisen. "*
> Matthäus 5 / 13 - 16

Es ist interessant, daß Jesus hier zwei verschiedene Formulierungen verwendet.

„Ihr seid das Salz der Erde"
„Ihr seid das Licht der Welt"

Er spricht ja hier zu seinen Nachfolgern, seinen Jüngern. Sie sind gemeint, von ihnen erwartet ER es. Jesus sagt nicht „Ihr werdet es sein" oder „einige von Euch", auch nicht, daß sie eine theologische Ausbildung bräuchten. Einen Doktortitel oder so. Das ist alles gut und schön, nicht verkehrt, das zu haben. Aber das Wichtigste ist, wenn man danach strebt, mehr vom Heiligen Geist, dem Wort Gottes und Jesus kennenzulernen.

Die beste Art, mehr von jemanden kennenzulernen ist, mit IHM zusammenzusein, IHM zuzuhören, Fragen zu stellen und da mit hinzugehn, wo ER hingeht. Zuschaun, wie ER die Dinge macht, sich erklären lassen – und nachmachen. Ich persönlich liebe diese Art „Learning by listening, watching and doing".

Jesus verwendet hier für den Begriff „Erde" das griechische Wort „Geos" und für den Begriff „Welt" das Wort „Kosmos".

„Geos" meint den geologischen Aspekt, die Länder, die Landschaften und Regionen, die Nationen.

„Kosmos" bekannt auch als Begriff für Universum, bezeichnet aber auch alle Formen von Ordnungen, Lebensart, Lebensumfeld.

Und in den „Geos" und „Kosmos" sollen die Christen, also die Leute, die Jesus bewußt als Herrn angenommen haben, ihre Sünden bekannt haben, mit dem Heiligen Geist erfüllt wurden und bemüht sind, nach dem Wort Gottes und seinen Prinzipien zu leben, hineinwirken.

Als eine von Jesus formulierte Tatsache, ein Auftrag, eine Selbstverständlichkeit. Als Salz und Licht. Offenbar nützt das Licht bei „Geos" nicht viel und umgekehrt das Salz nix beim „Kosmos". Sonst hätt´s ja Jesus anders formuliert – claro?

Und Gebet ist eine Form des „aktiv Werdens".

In Unordnungen der Gesellschaft, hey man! – da muß Licht rein, damit die Ursachen für die Unordnung sichtbar werden. Die Unordnung verändert nicht den „Geos". Die Grenzen Deutschlands sind nicht in Gefahr oder in Auflösung begriffen, nur weil hier mal was in Unordnung ist.
Dafür ist ja schließlich die Obrigkeit da, das wieder zu ordnen. Erinnerst Du Dich, was wir ziemlich am Anfang des Buches darüber gesagt hatten? Ich denke schon.

Und so ein russischer Drogenring ist 1000%ig eine gewaltige Unordnung. Und da drumherum war es so dunkel, daß die Obrigkeit gar nix sah.
Null. Niente. Sıfır. Nada.何もない. Nothing.

Also Licht rein in die dunkle Suppe.
Wie? Haben wir doch auch schon gelernt (falls noch nicht – nicht über Los gehen, keine 4000 Mark einziehen, zurück auf Start, noch mal anfangen)

Genaaaau! Sprechen mit Autorität und gemäß dem Wort Gottes. Du bist gut! Bist voll bei der Sache. Gratuliere.

Jetzt also ran an den Speck. Der Sieg winkt. Wir sind nur Überwinder, wenn wir auch das Hindernis überwinden. (Das ist das doofe am Überwinden; es muß auch was überwunden werden und ist meistens nicht leicht, sonst wär´s ja kein Überwinden).

Ich also mit einer minimalen Grundinfo, die aus der Tageszeitung bekannt war, die die Polizei zwecks Zeugen oder Ermittlungsgründen gesteuert hatte, in unser Freitagsgebet. Treu meinem Diensteid, keine dienstlichen Geheimnisse zu verraten und verschwiegen zu sein.

Aber unsere „Gebetstruppe" weiß, wenn ihr Leiter mit so einem undefinierten Anliegen kommt, daß was ganz schön im Busch ist. Und sie lieben es, solange mit Gebet und mit Glauben auf den Busch zu klopfen, bis das gewisse „etwas" rausfällt.

Und so fingen wir an, Licht in die Sache zu sprechen.

„Wer Böses tut, der haßt das Licht
und kommt nicht zu dem Licht,
damit seine Werke nicht aufgedeckt werden."
Johannes 3 / 20

„Denn ihr wart früher Finsternis;
(bevor wir Jesus annahmen)
nun aber seid ihr Licht in dem Herrn.
Wandelt als Kinder des Lichts;
die Frucht des Lichts ist
lauter Güte und Gerechtigkeit und Wahrheit.
Prüft, was dem Herrn wohlgefällig ist,
und habt nicht Gemeinschaft
mit den unfruchtbaren Werken der Finsternis;
deckt sie vielmehr auf.
Denn was von ihnen heimlich getan wird,
davon auch nur zu reden ist schändlich.
Das alles aber wird offenbar,
wenn's vom Licht aufgedeckt wird."
Epheser 5 / 8 - 13

Deutlich – was? Wir beteten an dem Freitag, die Leute nahmen dieses Anliegen mit nach Hause und gemeinsam setzten wir unseren Gebets-Lichtangriff auf dieses Finsternisbollwerk fort. (hört sich fast an wie bei Star-Wars)

Und jetzt darfst Du dreimal raten was passierte.
Ok, ok, ok – ich weiß, Du errätst es schon beim ersten Mal. Du hast ja aufmerksam bis hierher gelesen. Ja, Du hast recht.
Der Russen-Ring wurde gesprengt.

Einige Tage nach unserem Gebet, es dauerte nicht lange, kam einer aus dieser Gang zur Polizei und packte wider aller Erwartung aus. Und zwar dermaßen gründlich, daß alles bekannt wurde.
Wer der Chef war, welche Namen, Adressen, Autos, Verstecke er sich zugelegt hatte. Seine Lieferanten und Lieferwege, seine Helfer, Handlanger, Bankkonten, Auftragsbücher …
Es war wie ein üppiges Weihnachten und Ostern zugleich für unsere Ermittler. Und wir zogen sie alle aus dem Verkehr. Trockneten den Heroin-Ring komplett aus.

Ich sag´s ja immer, der Heilige Geist ist der beste Chefermittler und ER mag keine Drogen.

Drogendealer in Spanien unschädlich gemacht ...
... das Prinzip des Gebetes gilt weltweit

Daß das Prinzip des vollmächtigen Gebetes nicht meine Erfindung, meine verrückte Idee ist, zeigen unterschiedliche Berichte. Erinnere Dich an die Selbstmordbrücke in Brasilien.

Der nachfolgende Bericht, den mir ein Freund und Kollege aus Spanien im Oktober 2017 erzählte, bestätigt dies.

Vorher will ich erklären, wie es zustande kam.
Die Jesus Gemeinde Bamberg hat jedes Jahr, Ende Oktober oder Anfang November, je nach dem, wie die Wochenenden und der Feiertag am 01.November (Allerheiligen) fallen, ihre Internationale Konferenz. Sie trägt den Namen:

Natürlich – Übernatürlich
Die Wiederherstellung der übernatürlichen Gemeinde

In diesen Konferenzen laden wir Gastprediger ein, die zu diesem Thema etwas sagen können und praktische Erfahrungen haben.

Der Schwerpunkt kann dann in einem Jahr auf dem Thema „Heilung", das nächste Jahr „Gebet" und so weiter liegen.

Ziel ist es, die Teilnehmer auf Bereiche aus der Bibel aufmerksam zu machen, die vergessen oder unterbelichtet sind oder falsch verstanden wurden. Sie werden ermutigt, sich mit diesem Thema neu auseinanderzusetzen, das Wort Gottes mit Hilfe des Heiligen Geistes zu studieren, es in die Praxis umzusetzen und Erfahrungen damit zu machen.

Die Teilnehmer kommen aus Deutschland (claro), verschiedenen Ländern Europas, aber auch aus Südamerika,

USA etc., mit verschiedenen Gemeindehintergründen, aber doch meist aus dem freikirchlichen Bereich.

Die Teilnahme ist kostenlos, ohne schriftliche Anmeldung, weiterführende Informationen sind auf der Homepage der Gemeinde zu finden.

www.jesus-gemeinde.de/Konferenz.htm

Und so kam es vor zwei Jahren, daß ein Teilnehmer aus Spanien kam und das erste mal wirklich etwas über durchschlagendes Gebet hörte. Er war eher religiös aufgewachsen und wußte darüber noch nicht viel.
Meine Freude war groß, als ich hörte, daß es ein Kollege sei.
Die Polizisten der Welt verbindet etwas, der gemeinsame Auftrag, das gemeinsame Erleben auf den Straßen, das gleiche Glück, das gleiche Leid.

Und so haben wir, wenn man sich das erste mal sieht, gleich einen guten Draht zueinander, die gleiche DNA.
Und darüber hinaus, noch wesentlich stärker, verband uns der Glaube an Jesus, unsere Begeisterung über Errettung, Auftrag und Wirksamkeit in der Welt.
Also doppelter Draht – wenn das man nicht hält!

Hier also sein Bericht vom Oktober 2017, wie er es mir persönlich, aber auch vor den Teilnehmern der Konferenz öffentlich berichtete.

Sein Name und Land sind verändert, nennen wir ihn Emilio, die Stadt in Spanien spielt keine Rolle.
Meine Anmerkungen, Ergänzungen stehen in Klammern.

Bericht von Emilio:
„Ich war 2016 das erste Mal in Bamberg bei dieser Konferenz und erfuhr da erstmals von der praktischen Wirkung von Gebet, der Autorität eines Gläubigen, der Kraft des Heiligen

Geistes. Der Gemeindepastor, der selbst über 40 Jahre Polizist ist, predigte darüber.

Ich konnte zunächst gar nicht glauben, daß man den Glauben an Jesus und den Polizeiberuf so unter einen Hut bekommt. (erinnerst Du Dich an das Kapitel?) Ich war zunächst skeptisch.
Wir unterhielten uns viel und er erzählte viele Erlebnisse aus seinem Dienst. Die dienstlichen Erfolge in Kombination mit vollmächtigem Gebet und wahrgenommener Autorität begeisterten und interessierten mich dermaßen, daß ich es wieder zu Hause in Spanien, sofort ausprobierte. Ich hatte dazugelernt.
Durch den Heiligen Geist und das nun anders praktizierte Gebet löste ich gleich einen langwierigen, aussichtslosen Fall. (was und wie das war, weiß ich nicht mehr – sorry.)
Dies brachte meine Begeisterung für Jesus, das Gebet und die praktische Auswirkung im Beruf noch mehr zum Brennen.

Ich bin in einem Drogendezernat als Fahnder in leitender Position.

Vor drei Jahren waren wir einem internationalen Drogendealer in Spanien auf die Spur gekommen und ermittelten seitdem mit Hochdruck mit allen erdenklichen Mitteln. Aber der Typ war mit allen Wassern gewaschen und es war ihm nicht beizukommen, die Fahnder und ich verzweifelten.
Ich brachte die Sache eingedenk der Berichte aus Bamberg und meiner ersten eigenen Erlebnisse vertraulich in meine Gemeinde und gemeinsam beteten sie ca. zwei Monate intensiv um Weisheit in den Ermittlungen, Durchbrüche, Hinweise und natürlich um die beweiskräftige Festnahme des Dealers. Wir beteten Licht in die Sache und zogen den Dealer im „Geiste und Glauben" ans Licht.

Und dann passierte es. Eines Tages kam ein alter Mann zu mir und flüsterte mir etwas ins Ohr.

Es war eine Adresse und die Beschreibung, daß ein Mann, auf den die Beschreibung des Dealers paßte, zwei große Kartons ins Haus getragen hatte.
(Könnte dies ein Engel gewesen sein? Ich denke schon.)

Der Zugriff erfolgte umgehend, der Dealer konnte auf frischer Tat mit

30 kg

in Worten - bitte auf der Zunge zergehen lassen:

Drei-ßi-ig Ki-lo-gramm

festgenommen und eingesperrt werden. Hallelujah!!!!

Er wird die Sonne so schnell nicht wieder sehen.

Welch ein Fahndungserfolg für Jesus, mich und auch für das ganze Ermittlungsteam.

Danach wurden die weiteren Abnehmer, Kleindealer und internationalen Kontakte und Lieferanten aufgerollt und dingfest gemacht.

„Wer Sünde tut, der ist vom Teufel;
denn der Teufel sündigt von Anfang an.
Dazu ist erschienen der Sohn Gottes,
daß er die Werke des Teufels zerstöre. "
1.Johannes 3 / 8

„Wahrlich, wahrlich, ich sage euch (Jesus):
Wer an mich glaubt,
der wird die Werke auch tun, die ich tue,
und wird größere als diese tun;
denn ich gehe zum Vater.
Und was ihr bitten werdet in meinem Namen,
das will ich tun,
auf daß der Vater verherrlicht werde im Sohn.
Was ihr mich bitten werdet in meinem Namen,
das will ich tun. "
Johannes 14 / 12 – 14

Auch einen zweiten, langgesuchten Dealer konnten wir durch Gebet, Vertrauen ins Wort Gottes und der Hilfe des Heiligen Geistes auf frischer Tat mit 2 kg Kokain (!) beweiskräftig festnehmen, genau an dem Tag, als ich zur Konferenz 2017 nach Bamberg kam. Die Kollegen riefen mich an und jubelten über den Erfolg, gerade als ich in Nürnberg am Flughafen angekommen war."
Bericht Ende

Ich kann nur sagen: Weiter so Emilio!
Schnapp sie Dir mit Hilfe des Gebetes.

Nimm Dir Deine Zeitung, schreibe Dir raus wo die Polizei nicht weiterkommt, Kriminalitäts-Serien sind und fang an zu beten / sprechen! Schreib Dir das Datum dazu wann Du anfängst und dann das Datum, wenn's erledigt ist. Du wirst überrascht werden!

Korruption beherrscht die Grenze...
...Gebet durchbricht sie

Ich denke hier paßt noch ein kleines Berichtchen dazu, das zwar nix direkt mit meiner Polizeitätigkeit zu tun hat, aber trotzdem was über Gebet, Polizei und einem großen Übel in vielen Ländern der Erde erklärt.

Das Problem nennt sich Korruption.

Meines Erachtens und meiner Erfahrung nach steckt ein starker dämonischer Geist dahinter, der eng mit Armut, Gewalt und Manipulation zusammenarbeitet.

Diese vier, es sind nicht die „Fantastischen Vier", sondern die „Dämonischen Vier", arbeiten eng zusammen mit dem „Mammon", der ist praktisch der Chef von dieser Diebesbande.

Von dem sagt Jesus im Matthäus-Evangelium:

> *„Niemand kann zwei **Herren** dienen:*
> *Entweder er wird den einen hassen*
> *und den andern lieben,*
> *oder er wird an dem einen hängen*
> *und den andern verachten.*
> *Ihr könnt nicht Gott dienen und dem Mammon."*
> Matthäus 6 / 24

Jesus redet hier von zwei Herren. Es sind nicht zwei willkürlich gewählte Titel, es sind Machtpositionen in der geistlichen Welt. Jesus nennt ihn einen „Herren". Nicht weil er so vornehm, so elegant ist, der „Herr im Smoking", vor dem Jesus Respekt oder Achtung hätte; nein, weil es eine Beschreibung einer geistlichen Machtposition ist.

Schau, wie der Apostel Paulus, ein altes erfahrenes Schlachtschiff, ein General Gottes, dies aufgreift und beschreibt. Wir brauchen diese Bibelstelle später noch.

„Denn wir haben nicht mit Fleisch und Blut zu kämpfen,
sondern mit Mächtigen und Gewaltigen,
*mit den **Herren** der Welt,*
die über diese Finsternis herrschen,
mit den bösen Geistern unter dem Himmel. "
Epheser 6 / 12

Hier beschreibt Paulus, daß es nicht gegen Menschen geht, sondern gegen dämonische Mächte, die die Menschen manipulieren, missbrauchen, benutzen, um ihre schädlichen und schändlichen Werke in die Welt zu bringen.

Auch Paulus verwendet hier den Machttitel „Herren". Er spricht hier nicht von „Dämonen", die Fußsoldaten der „Herren", der „Mächtigen" und „Gewalten".
Das ist praktisch die Oberliga der finsteren Mächte. Aber keine Angst – Jesus hat sie am Kreuz besiegt. Super – oder?

Also der „Mammon" macht sein Spiel:
Er bringt im Angriff „Gewalt" am linken Flügel, rechts außen steht „Armut". Die Doppelspitze rennt gegen die Gesellschaften dieser Welt an, um eine Bresche zu reißen für das offensive Mittelfeld, die „Manipulation" und „Korruption".

Sie reden den Leuten ein, ihre Macht oder Position zu missbrauchen, das geht dann die ganze gesellschaftliche Skala runter, bis zu dem, der nix mehr zum Manipulieren hat und der Looser ist. Die werden meistens in diesem Spiel zu Verbrechern oder nehmen sich das Leben.

Die Minderheit schafft es, das Tor sauberzuhalten und den Angriff abzuwehren. Gott sei Dank gibt es die auch noch.

Wir kennen das, die Präsidenten oder Diktatoren bereichern sich am Staatsvermögen in Milliardenhöhe, die Kleinen machen es nach, weil es die Großen vormachen. Unrechtsbewußtsein? - Fehlanzeige. Machen doch alle.

Und daraus folgt hemmungslose Korruption und Gewalt. Die Geschichtsbücher, auch der jüngsten Vergangenheit, und die Tagespresse sind voll davon.

Ok, ich war mit einem Bekannten unterwegs nach Rumänien. Dieser ist Gründer und Leiter eines Hilfswerkes für Osteuropa, vornehmlich Rumänien. Er arbeitet in Rumänien, in den Karpaten, mit einem örtlichen Pastor zusammen, der die Verteilung der Hilfslieferungen mit lebensnotwendigen Sachen dann mit organisiert und vor Ort übernimmt.

Da wir als Jesus-Gemeinde das mit unterstützen wollten, fuhr ich bei einer der Hilfslieferungen mit, um mir vor Ort ein Bild zu machen.

Wir fuhren mit einem umgebauten Reisebus (kleiner Teil als Wohnmobil, der große Rest Stauraum für die Hilfsgüter – ein eingetragenes Sonderfahrzeug) und einem Sprinter also nach Rumänien.

Kurz vor der ungarisch-rumänischen Grenze dann ein Besprechungsstop.

Der Bekannte, nennen wir ihn Felix, klärte alle Fahrtteilnehmer auf, was uns jetzt an der Grenze erwarten würde und wie wir uns verhalten sollten.
Unsere Papiere und Pässe waren in Ordnung, griffbereit und wir lauschten dem zu erwartenden Szenario.

Felix erklärte, daß wir die normale Pkw-Spur benutzen würden, weil wir wären ja kein Lkw und auch kein Reisebus. Dafür gab es nämlich Sonderspuren, wo sich die Fahrzeuge kilometerlang stauten. Es gäbe auch eine Sonderspur, die VIP-Spur, sie sei freizuhalten, auf Mißbrauch stünden hohe Strafen.

An der Grenze würde uns bei der Einreise nach Rumänien ein zunächst freundlicher Grenzer nach den Papieren fragen, diese entgegennehmen und sich nach unserem Begehr erkundigen. Was ihn aber nicht wirklich interessieren würde, weil dann nämlich die nächste Frage käme: „Kaffee, Zigaretten, Schokolade!"
Dabei würde er die Hand aufhalten, um zu zeigen, daß er gnädigst davon etwas wollte und bereit wäre, es in ausreichendem Maße in Empfang zu nehmen.

Felix schärfte uns ein, auf keinen Fall etwas zu geben, aber auch nicht zu lügen. Kaffee und Schokolade hatten wir nämlich als Hilfsgüter für Familien und die Kinder, aber nicht für die Grenzer/Zöllner.

Felix meinte dann noch, wenn wir nix geben, könnte es eine längere Wartezeit an der Grenze bedeuten, unter Umständen ein oder zwei Tage. Längere Wartezeiten, das habe er schon des öfteren erlebt.

Nun gut, das Abenteuer begann.

Wir also mitgeschoben in der Kolonne, nach vorne Richtung Rumänien. Ausreise Ungarn alles gut, keine Probleme.
Einreise Rumänien, vier oder fünf Fahrspuren mit Schlagbaum. Davor jeweils ein Grenzer/Zöllner (sind ja unterschiedliche Behörden, die eine Polizei, die andere Zoll).

Schon von weitem sahen wir das Procedere bei der Abfertigung. Freundliches Gespräch, dann wurden Kaffeepäckchen, Zigaretten oder Schokolade aus dem Fahrzeug gereicht, der Beamte nahm es in Empfang, ging zu seinem Privat-Pkw, der direkt hinter dem Schlagbaum mit offener Heckklappe stand. Die Sachen wurden reingelegt, die Pässe gestempelt – gute Fahrt.

Die meiste Zeit bei diesen Abfertigungen brauchte das Einladen in den Privat-Pkw, der Rest war Pippifax*.

Aber der Hammer war, wenn ein Kofferraum voll war, und das ging ziemlich schnell, wurde diese Abfertigungsspur geschlossen, der Grenzer sprang in sein Auto und brauste davon. Na klar – Zeit ist Geld, bzw. Kaffee, Zigaretten und Schokolade. Außerdem war man ja im Dienst und diensteifrig. Man wollte so schnell wie möglich wieder da sein, um den anderen Zöllnern nicht zu viel zu überlassen und weiter abzusahnen.
Und das machten sie den ganzen Tag, 24 Stunden lang, im Schichtbetrieb. Die mußten ein Kaufhaus betreiben mit all dem Zeug.

Wir sind dran! Und wie im Film, spulte es sich ab, wie Felix es beschrieben hatte.

„Guten Tag, Ihre Papiere bitte und warum kommen Sie nach Rumänien?" Er nahm die Pässe und Fahrzeugpapiere entgegen, steckte sie ein und fragte nach...? Erraten?

„Kaffee, Zigaretten, Schokolade?"

Felix antwortete wahrheitsgemäß, daß wir alle Nichtraucher wären, da wir Christen sind. Kaffee und Schokolade hätten wir dabei, aber nicht für die Zöllner, sondern für Bedürftige in den Karpaten. Und daß wir Korruption nicht unterstützen würden und uns dem nicht beugen würden.

Peng! Das einstmals schmierige Lächeln im Gesicht des Zöllners gefror zu Eis und Haß.

„Rechts ranfahren – warten!" bellte er uns an.

Wir fuhren hinter den Schlagbaum, standen nun auf rumänischen Boden, der Zöllner ging mit unseren Papieren in ein Büro, kam kurz darauf ohne Papiere zurück, würdigte uns keines Blickes und nahm seine Arbeit am Schlagbaum –ähh Korruptionsbaum wieder auf und – schwupps, war das schmierige Lächeln wieder aufgetaut.
Wir existierten nicht mehr für ihn.

Wir vertrieben uns die Stunden des Wartens mit dem Zählen der Zöllnerautos, wie oft sie wegfuhren und wer der Beste war. Wir führten einen „Highscore".

Irgendwann wurde es mir zu dumm und langweilig und ich beschloß, mal ins Büro zu gehen und mit dem Mann/der Frau da drin zu reden. So praktisch von Kollege zu Kollege.

Und siehe da – welche Überraschung? Gar keiner drin! Verlassen! Unsere Papiere ohne weitere Bearbeitung weggesperrt! So ein Knilch*!

Also wieder raus zu den anderen. Was tun? Die große Frage!

„Es hat alles seinen Sinn, Gott weiß schon was er macht, wir beten dafür. Das ist immer so."

Ich ging in mein Fahrzeug und dachte darüber nach.

- ?
- ?
- ?

- wo bitteschön ist da der Sinn?
- das ist Willkür, Machtmissbrauch par excellence!
- die lassen uns am langen Arm verdursten!
- das ist Zeiträuberei!
- was bilden die sich ein!!!!
- die wissen wohl nicht wer wir sind?
- wir sind Kinder Gottes auf einer Barmherzigkeitstour!
- wir handeln gemäß dem Wort Gottes!

Langsam stieg ein heiliger Zorn in mir hoch und ich fing an, diese „Mächte" und „Herren" anzugreifen. Es wurde Zeit für einen Konter. Zeit, ihnen entgegenzutreten und ihnen unser Spiel zu zeigen. Weil wir nämlich im Siegerteam von Jesus mitspielen und der Heilige Geist unser Trainer ist.

Also auf Angriff schalten und einsetzen, was ich von meinem Startrainer mit dem himmlischen Handbuch gelernt hatte.

„In Jesu Namen,
nehme ich jetzt Autorität über diese Mächte der Korruption.
Ich binde Euch und befehle jetzt,
die Papiere zurückzugeben und uns fahren zu lassen!!!!"

Die Jungs mußten irgendwie schwerhörig sein! Es tat sich nix. Ich also weiter in der gerade beschriebenen Form.
Ich erinnerte sie, daß sie besiegt seien, daß ich Vollmacht über sie hatte, daß ich ein Kind Gottes sei und ich hier das Sagen habe, nicht mehr sie.

Wie gesagt, heiliger Zorn.
Da geht was, das merkst Du selber in Dir.

Da steht der „Löwe aus dem Stamm Juda" – Jesus selbst in Dir auf und brüllt, daß die Wände wackeln. Das ist ein Bild für die Gewalt und Majestät von Jesus. Der Löwe!

„ Und einer von den Ältesten spricht zu mir: Weine nicht!
Siehe, es hat überwunden
der Löwe aus dem Stamm Juda,
die Wurzel Davids, (Jesus)
aufzutun das Buch und seine sieben Siegel. "
Offenbarung 5 / 5

Ich hatte plötzlich so ein Bild vor Augen. Das war für mich auch die Erklärung, warum eine Zeitlang nix passiert war.

Meine Befehle waren wie eine Bombe in diesen Haufen selbstsicherer, stolzer, egoistischer und überheblicher, erfolgsverwöhnter Korruptionsdämonen geknallt. Diese Befehle hatten sie überrascht, geschockt, verwirrt, geblendet, sprachlos gemacht.

„Dieser kleine Bamberger Knirps wagt den Gegenangriff?
Wagt sich uns entgegenzustellen?
Es ist unsere Hochburg hier.
Hier geht es nach unseren Regeln.
Hier sind wir die Herren".

Doch dann spürten sie Jesus in mir, den Löwen, die Siegeskraft des Kreuzes von Golgatha, hatten wieder ihre Niederlage von damals, vor knapp 2000 Jahren, vor Augen.

Entsetzen machte sich breit, Hilflosigkeit gegen diesen Jesus von Nazareth und seinen „Günther". Die nächste Runde im geistlichen Armdrücken hatte bereits begonnen. Und sie wußten, daß sie nicht gewinnen konnten, weil der Sieg vom Kreuz von Golgatha total und endgültig war und ist. Sie sahen ihre mächtigen schwarzen Arme durch einen vertrauensvollen Befehl eines einfachen Nachfolgers Jesu langsam Richtung Tischplatte sacken. Alles Dagegenhalten war sinnlos.

Das Wort Gottes, die Autorität des Gläubigen, der Name Jesu, der Befehl, das nicht Unterwerfen unter die schwarze Macht, brachte sie zur Verzweiflung – und zum Verlieren!

Zack! Der Arm war auf der Tischplatte. Wieder einmal war der Name Jesu stärker als ein „Herr Korruption".
Wumm! Das hatte gesessen!

Wie aus dem Nichts erschien der Zöllner, grimmig, wütend, ging wortlos ins Büro. Fast schien es, daß ihn irgendein Engel am Schlafittchen hatte und ihn dirigierte. Er kam mit unseren Papieren und Pässen zurück, knallte sie wortlos ins Fahrzeug und zischte: „Haut ab!".

Er zog sich wieder auf seinen Korruptionsposten zurück.
Und wir hauten ab.
Na also, geht doch!

Felix meinte dann, das hätte ja eine seltsame Wendung genommen. Ich erklärte ihm und den anderen das Gebet mit Vollmacht. So praktisch hatten sie es noch nicht erlebt und gewußt.
Die Fahrt zum Ziel verlief ohne weitere Zwischenfälle.

Einige Tage vor der Rückfahrt kamen wir wieder auf das Thema. Felix sagte, auf der Heimfahrt sei wieder das gleiche Spiel zu erwarten.
Ich spürte den heiligen Zorn wieder in mir hochkommen, Kühnheit und eine neue Entschlossenheit.

Ich sagte ihm: „So nicht! Wir sind im Auftrag des Herrn unterwegs! Wir setzen jetzt noch eins drauf! Wir werden ohne anzuhalten, auf der VIP-Spur durchfahren und sie werden uns zackig grüßen!"

Ich wußte in dem Moment auch nicht genau, warum ich so kühn war und diese „prophetischen Worte" sagte.

Felix meinte völlig überzeugt:

„Unmöglich!"

Ich rief Andra von Rumänien aus zu Hause in Bamberg an, schilderte kurz die Situation und bat um Gebetsunterstützung durch die Gemeinde. Sie sollten sich mit mir zusammen gegen diese Korruptionsgeister stellen.

Dann die Heimfahrt, nachts. Grenzverkehr ziemlich heftig. Alle Fahrspuren dich, Stau, Ausreise mit Wartezeit.

Aber die VIP-Spur war frei, durch rot-weiße Pylonen abgesperrt. Ein Beamter paßte in seinem Wachhäuschen gelangweilt auf die leere Spur auf.

An der Stelle muß gesagt werden, diese Spur stammte noch aus Ostblockzeiten. Sie war immer gesperrt, durfte nicht benutzt werden, war politischen Funktionären und ihren Gästen vorenthalten. Eben eine kaum benutzte Sonderspur. Nur für VIP´s - Very Important Persons!

Und das waren wir!
Kinder Gottes, Salz der Erde, Licht der Welt, Botschafter an Christi statt, Heilige, Berufene für das ewige Königreich, Könige und Priester, Kinder des Lichts, Miterben der Gnade und Herrlichkeit und vieles mehr, was die Bibel an Attributen für Menschen kennt und ausdrückt, die Jesus angenommen haben.
Wow! Wenn das nicht „VIP´t."

Wir also kühn auf die Sonderspur; ich hatte gebetet (meine Gemeinde auch), Glaube war da, Kühnheit wuchs immer mehr, auch dieses mal diesen Korruptionsdämonen zu zeigen, wo der Hammer hängt, wer größer ist. Nämlich Jesus!

144

„In Jesu Namen
befehle ich freie Durchfahrt ohne anzuhalten
und mit Gruß des Beamten!"

Ich wiederholte jetzt das, was ich vor kurzem dem Felix gesagt hatte, in einem geistlichen Befehl.

Der Beamte erschrak als er uns sah. Ein alter Reisebus und ein Sprinter auf der Sonderspur, ohne staatliches Begleitfahrzeug. Er erwachte aus seinem dienstlichem Dämmerzustand.

VIP´s auf seiner Spur? War doch gar nichts gemeldet worden. Wer sollte das sein? Sollten sich Ausländer erdreisten, diese heilige, kommunistische Sonderspur ohne Erlaubnis der hohen Genossen zu nutzen? Undenkbar, das müßte ja mit aller Gewalt verhindert werden. Schießen? Alarm? Die Grenztruppen alarmieren? Atom-Erstschlag?

Aber da diese Ungeheuerlichkeit im Angesicht der geballten Macht der rumänischen Grenztruppe (1 Mann in zerknitterter Uniform) nicht sein durfte, konnte es auch nicht sein. Wo käme man denn da hin.

Also blieb nur die zweite Alternative, es müssen VIP´s sein!

Also Haltung annehmen, Pylonen zur Seite, freundlich sein, und durchwinken. Hand an die Mütze zum Ehrengruß – und Rumänien lag hinter uns.

Ich glaube, wir hatten nicht mal den Ausreisestempel bekommen. Wir hatten alle Papiere in der Hand und schon zum offenen Fenster rausgehalten. Zum Stempeln hätten wir ja anhalten müssen. Aber das weiß ich nicht mehr genau. Meinen alten Reisepaß hab ich nicht mehr, sonst hätte ich nachschauen können.

Selbst wenn wir kurz zum Stempeln angehalten hätten, hätte dies der ganzen Geschichte und Ablauf keinen Abbruch getan. Der Sachverhalt wäre der gleiche geblieben. Kein Stau, kein aufgehalten werden, keine Zeiträuberei.

Es wäre mal interessant gewesen, in dieser Situation einen Blick in die geistliche Welt zu werfen.

Wie das Ganze da so abgelaufen ist.

Einbrecherbande wird geschnappt...
...weil Gebet sie ans Licht bringt!

Noch eine interessante Story, die ich erlebt habe.

In einer Stadt, in der ich mal Dienst verrichtete, trieb eine Einbrecherbande ihr Unwesen. Die Einbrüche in Geschäfte häuften sich, die Pressemeldungen nahmen zu und verunsicherten die Bevölkerung. Die Polizei brauchte dringend Hinweise, um mit den Ermittlungen irgendwie weiterzukommen.

Diese Hilflosigkeit in Sachen Ermittlungen war auch Thema in einer Führungsbesprechung, bei der ich dabei war. Der zuständige Beamte erklärte, daß diese Einbrecher so geschickt vorgingen, daß keine Spuren zu entdecken seien. Auf Einzelheiten muß ich hier leider verzichten, es soll kein Anlaß zur Nachahmung gegeben werden.

Ok, lieber Leser, ich weiß Du bist brav, einer der Brävsten, und würdest diese Details niemals verwenden, aber leider sind die Jungs von „Klemm & Klau" nicht brav. Vielleicht lesen sie ja mein Buch. Oder ham`irgendwo eins geklaut. Da sollen sie für ihr schmutziges Handwerk keine Vorlage kriegen. Sie können über Jesus, die Errettung, das ewige Leben und das ewige Verlorensein lesen und sich ändern. Ja – dafür bete ich!

Also die brachen hemmungslos ein, stahlen einen Haufen Zeugs und hinterließen immensen Sachschaden und Angst.
Und wie heißt es dann immer so schön im deutschen Volksmund „die Polizei dein Freund und Helfer"!

Naja – in dem Fall konnten wir nicht helfen. Gewollt hätten wir schon, versucht haben wir´s auch, aber bislang ...
Fehlanzeige.

Eine alte Potzgerweisheit ist: „Sei schlauer als der Klauer!"

Und um bei den Volksweisheiten zu bleiben, die Einbrechercrew hatte die „Rechnung ohne den Wirt" gemacht. Das heißt, in ihrer Kalkulation haben sie einen wesentlichen Faktor unberücksichtigt gelassen. Nämlich, daß in der Stadt ihres Unwesens ein Christ bei der Polizei war, der Erfahrung im Beten hatte.

Und so brachte ich die Info, wie sie in der Zeitung gestanden hatte, noch einmal kompakt zusammengefasst, in den Gebetsabend unserer Gemeinde. Nur die Info, die die Pressestelle der Polizei gesteuert hatte. Keine Internas. Das ist auch gar nicht nötig.

Unsere Jungs und Mädels sind heiß und begierig darauf, gezielt zu beten, Licht in dunkle Angelegenheiten zu bringen. Wenn sie erst mal Lunte gerochen haben, geben sie nicht auf, bis das Ding am Licht ist und durch ist!
Ihr seid meine Hilfs-Sheriff´s, meine Helden! Meine Undercover-Prayers.

Die Bibel sagt an einer Stelle im Buch Jeremia, daß wir das Beste der Stadt suchen sollen.
Das Beste für eine Stadt ist es, wenn niedrige bis gar keine Kriminalitätsrate ist, Frieden und Ruhe bei den Bürgern herrscht. Man braucht keinen Gottesstaat, der mit bestialischer Gewalt, mit dämonischen Vorschriften die Leute so in Angst und Schrecken versetzt, daß sie keinen Mucks mehr machen. Das ist keine Freiheit, das ist kein Leben. Da können wir getrost drauf verzichten.

Es braucht vielmehr Christen, die verstehen, was ihr Auftrag ist, sie richtig mit den Werkzeugen und Möglichkeiten umgehen, die ihnen Gott zur Verfügung stellt. Die „Salz" sind und ordentlich salzen.

„Suchet der Stadt Bestes,
dahin ich euch habe wegführen lassen,
und betet für sie zum HERRN;
denn wenn's ihr wohlgeht, so geht's euch auch wohl."
Jeremia 29 / 7

„Ihr seid das Salz der Erde.
Wenn nun das Salz nicht mehr salzt,
womit soll man salzen?
Es ist zu nichts mehr nütze, als daß man es wegschüttet
und läßt es von den Leuten zertreten."
Matthäus 5 / 13

„So ermahne ich (Apostel Paulus) *nun,*
daß man vor allen Dingen tue
Bitte, Gebet, Fürbitte und Danksagung für alle Menschen,
für die Könige und für alle Obrigkeit,
damit wir ein ruhiges und stilles Leben führen können
in aller Frömmigkeit und Ehrbarkeit.
Dies ist gut und wohlgefällig vor Gott, unserm Heiland,
welcher will, daß alle Menschen gerettet werden
und sie zur Erkenntnis der Wahrheit kommen.
Denn es ist (nur) *ein Gott und* (nur) *ein Mittler*
zwischen Gott und den Menschen,
nämlich der Mensch Christus Jesus,
der sich selbst gegeben hat als Lösegeld für alle,
als sein Zeugnis zur rechten Zeit."
1.Timotheus 2 / 1 - 6

Diese drei Stellen sprechen sehr deutlich von unserem Auftrag als Christen in der Umgebung, in die uns Gott gebracht hat. Wir haben einen Auftrag, wir sollen für die Stadt, für die Menschen zu Gott (in der richtigen Art und Weise) beten. Wir sollen ihm nicht die Ohren volljammern, wie schlecht die Welt ist, wir sollen beten und die Welt verbessern. Salzen, würzen, die Fäulnis aufhalten oder gar nicht erst entstehen lassen. Das ist unsere Aufgabe.

Vor einigen Jahren waren wir in Brasilien und haben in einer Gemeinde mit dem Wort Gottes und Gebet für die Menschen gedient. Brasilien, wie viele andere Länder auch, haben stark mit Korruption zu kämpfen.

Als wir sie fragten, wie sie für ihre Stadt und besonders für die Polizei beten würden, bekamen wir zur Antwort: „Gar nicht, das ist alles vom Teufel besetzt, das sind Feinde des Guten, unsere Feinde".

Wir waren entsetzt!
Und dabei hatten sie Polizisten in ihrer eigenen Gemeinde. Klar, die hatten keinen einfachen Stand in der Polizei. Wenn sie sich gegen das korrupte System innerhalb der Polizei stellten, wurden sie gemoppt, versetzt oder umgebracht, je nach dem, wie gefährlich sie dem „Selbstbedienungsladen" wurden.

Dies wurde mir auch von „nichtgläubigen" Polizisten bestätigt, als ich zu einem Vortrag über die „Bayerische Polizei und ihre Aufgaben" in einer großen brasilianischen Stadt war und vor vielen brasilianischen Kollegen referierte.

Wir lehrten die Gemeinde dort unter anderem die in diesem Buch beschriebenen Gebetsstrategien und das Verständnis darüber. Wenn sie nicht anfangen würden zu beten und „im Geist" sauberzumachen, würde sich nix ändern. Für Kollegen hatte ich eine kleine Botschaft vorbereitet, die „Doppelte Autorität". Darin erklärte ich ihnen, daß sie Autorität vom Staat hätten, aber auch die Autorität vom Reich Gottes. Das wäre eine super Sache. Die Power würde sich potenzieren.

Also nicht jammern, nicht lamentieren, beten!

Und das taten wir dann auch, um die Einbrechergang zu schnappen.
In der bereits vorher beschriebenen Art und Weise.

„In Jesu Namen, beenden wir diese Serie,
wir bringen die Täter ans Licht.
Es herrscht wieder Ruhe in der Stadt!"

Ich glaube so beteten wir eine oder zwei Wochen.

Und dann gingen sie uns ins Netz. Also nicht der Gemeinde, sondern der Polizei. Volle Sahne, aber so was von alle! Alles gerichtsverwertbar. Diebesgut gefunden, Strukturen entdeckt und weiterverfolgt, Bande zerschlagen – eingesperrt – erledigt!

Das Gebet hatte der Polizei wieder einmal einen ungeahnten Erfolg beschert.

„Sei schlauer als der Klauer – und bete!"

Durchforste Deinen lokalen Polizeibericht. Mach Dir Notizen, welchen Fall Du jetzt durch Gebet knackst.

Saturday-Night-Fever ...
... und wie man Fieber los wird

Zum Schluß noch ein Schmankerl.*

In unserem Dienstbereich hatten wir mehrere Diskotheken mit jeweils Hochbetrieb am Wochenende. Und den damit verbundenen Problemen, die zu einer erhöhten Arbeitsbelastung für die Polizei führten.
Betrunkene, Streitereien, Schlägereien, Unfallfluchten, Ruhestörungen, Jugendschutzverstöße, die Liste ließe sich noch weiter fortsetzen.
Is` ja klar. Ne Disco ist kein Kindergartenchor.

Die eine Disco schoß aber den Vogel ab. Da ging´s drunter und drüber. Sin City! Sodom und Gomorra!
Polizeieinsätze ohne Ende. Schlägereien ohne Ende.

Da prügelten sich früh um 5 Uhr die besoffenen Mädels um einen Typen, wer ihn denn jetzt mit heimnehmen dürfe und ins Bett kriegt. Meine Herren! Nix schlimmeres wie besoffene Weiber, (das ist keine machoartige Diskriminierungsformulierung, nein – das ist eine Zustandsbeschreibung) die streiten und sich prügeln. Das ist das unterste Niveau was es gibt.

Für uns als Schandi* unberechenbar, weil die spucken und kratzen wie die Katzen! (Oh - reimt sich sogar)
Die kreischen, daß dir die Ohren wehtun. Und wehe, du langst zu kräftig hin, um sie zu trennen und zu beruhigen. Dann gehen die Umstehenden, die Glotzer und Gaffer auf dich los. Weil du ihr Spektakel, ihr Schauspiel, ihr Weiber-Catchen störst. Grade, daß sie nicht noch Wetten abschließen, welche der Furien gewinnt und den Preis (den Typen) gewinnt und abschleppt.

Das gleiche Desaster jedes Wochenende. Die Stadt sieht sich außerstande was zu machen, ist halt so. Der Zusammenhang mit der Disco ist ja nicht erkennbar und somit können dem Betreiber keine weiteren Auflagen gemacht werden. (Hallo?) Diese Ansicht ist für jeden Polli Grund zur Aufregung und hilflosem Kopfschütteln.

Der Betreiber schaut, daß er jeden aufkeimenden Streit durch seine Security´s aus der Disco rausbefördert, weil draußen ist er ja nicht mehr zuständig bzw. verantwortlich.
Einleuchtend – oder?

Keine Disco – keine Probleme. Eine einfache Formel.
Kein Prügeln um´s letzte Taxi, kein Prügeln um irgendwas, keine Verletzten, kein Streit, keine Ruhestörung, keine Sachbeschädigungen an Pkw`s von frustrierten, betrunkenen Verliererinnen der Betttrophäe, kein öffentlicher Sex zwischen, in oder hinter den geparkten Autos (ich hätte eine Menge Pornofilme drehen können) – mit einem Satz: Frieden und Ruhe in der Stadt!

Ich beschwerte mich eines Tages bei Gott im Gebet, machte ihm Vorhaltungen, warum er nichts dagegen unternehme und so.

Weißt Du was ER mir antwortete? Ich war genau so überrascht wie Du jetzt. Mich haute es schier aus den Socken.

„Günther, was machst Du mir Vorwürfe? Es ist nicht meine Schuld. Ich meinerseits habe bereits alles gemacht, was möglich und nötig war, um Abhilfe zu schaffen. Ich habe meinen geliebten Sohn Jesus auf die Erde gebracht, er ging ans Kreuz, um mit seinem Leiden, seinem Gehorsam, seinem Blut und seinem Leben eine vollständige Erlösung zu erkaufen, nicht nur von der Sünde. Er kam auch um die Werke des Teufels zu zerstören. Die Wiederherstellung des Anfangs, die Dimension vom Garten Eden hier auf der Erde.

154

Die Wiederherstellung der Autorität der Gläubigen über die gesamte Schöpfung, in meinem Namen, in meinem Auftrag. Und mein Volk hat das vergessen! Du hast es vergessen! Ich werde Jesus kein zweites Mal kreuzigen lassen. Es ist Deine Aufgabe, Deine Verantwortung. Du bist das Salz der Erde. Also bitte beschwer Dich nicht, sondern handle. Ich bin bei Dir, wie versprochen!"

Ich war baff.* Das hätte ich so nicht erwartet. Also betete ich um Weisheit und Klarheit, was und wie ich es machen solle.

Sehr schnell war mir klar, daß es wieder ums Befehlen ging.

Und so fing ich an:

"In Jesu Namen nehme ich Autorität über diesen Ort,
der die Stadt verschmutzt.
Ich trockne die Finanzen aus,
ich verschließe die Türen,
ich beende das Treiben
und der Ort soll sauber sein.
Keine Disco mehr!"

Es dauerte ungefähr ein paar Wochen. Dann die große Neuigkeit in der Dienststelle eines Tages bei Dienstbeginn.

Das „Schlammloch" (Name geändert – claro) hat zugemacht.

Die Freude und Überraschung bei den Kollegen war groß, manche wollten ´ne Flasche Sekt aufmachen, aber das durften wir natürlich nicht im Dienst. Jeder fragte sich, was als Nächstes da rein käme. Es ist oft so, daß eine Kneipe, Disco o.ä. aus verschiedensten Gründen zumacht, und ein paar Tage später unter neuem Namen wieder aufmacht. Der gleiche alte stinkende Käse, nur eine neue Schachtel.

Ich kannte den Discobetreiber und beschloß nachzufragen.

Er erklärte mir, daß die Besucherzahlen seit ein paar Wochen drastisch zurückgegangen waren, die Betriebskosten nicht mehr reinkämen, geschweige denn ein Gewinn. Da er kein anderes Konzept habe, keinen aktuellen Nachfolger habe, habe er zugemacht.

Was für eine Überraschung! Er bestätigte mir genau die Punkte, die ich gebetet hatte.

Blieb nur noch die Nachfolgerfrage zu klären. Also kontaktierte ich den Eigentümer des Gebäudes und befragte ihn nach seinen Plänen. Neue Disco oder so? Er wehrte ab und erklärte mir überzeugt, daß keine Disco oder ähnliches mehr in Frage käme. Er würde das Gebäude für Shopping umbauen lassen.

Tatsächlich rückten kurze Zeit später die Arbeiter an und heute ist es ein gut frequentiertes, sauberes Einkaufshaus mit einladender freundlicher Atmosphäre. Ein Gewinn für die Stadt.
Na also – geht doch.

Es ist ein sauberer, problemloser Ort geworden, der gut ist für die Stadt. Was für ein Unterschied. Welche Entlastung für die Polizei. Wir haben genug anderes zu tun. Danke Jesus.

„Suchet der Stadt Bestes,
dahin ich euch habe wegführen lassen,
und betet für sie zum HERRN;
denn wenn's ihr wohlgeht, so geht's euch auch wohl. "
Jeremia 29 / 7

So schaut´s aus!

Trau – schau - wem …
… oder der „geistliche Potzger auf Streife"

Bei dem einen Drogenbeispiel vorhin hatte ich die Bibelstelle von dem Salz und dem Licht angesprochen und etwas erklärt. Machen wir doch in dem Zusammenhang einfach ein Stückchen weiter. Du kannst ja auch noch mal zurückblättern.

Hier noch mal die Stelle:

„Ihr seid das Salz der Erde.
Wenn nun das Salz nicht mehr salzt,
womit soll man salzen?
Es ist zu nichts mehr nütze,
als daß man es wegschüttet
und läßt es von den Leuten zertreten.

Ihr seid das Licht der Welt.
Es kann die Stadt, die auf einem Berge liegt,
nicht verborgen sein.
Man zündet auch nicht ein Licht an
und setzt es unter einen Scheffel,
sondern auf einen Leuchter;
so leuchtet es allen, die im Hause sind.
So laßt euer Licht leuchten vor den Leuten,
damit sie eure guten Werke sehen
und euren Vater im Himmel preisen."
Matthäus 5 / 13 - 16

Jesus trifft hier, wie gesagt, eine Grundaussage über seine Nachfolger.

Salz und Licht!

Und „Ihr seid", nicht „Ihr könntet sein, mancher von euch vielleicht…"

Es ist der Auftrag an seine Gemeinde, an seine Leute hier in der Welt. Wir sollen zum Wohl aller, im Sinne und Auftrag Gottes, das Beste für die Stadt suchen. Und das ist oft ganz einfach rauszufinden.

Da geht es zum Beispiel um „Geschäfte" die nach außen hin zwar legal sind, aber nicht wirklich gut für die Stadt und ihre Leute.

Eine Spielothek zum Beispiel. Was bitteschön ist gut dran? Sie zieht Menschen in ihre Abhängigkeit, zieht ihnen das Geld aus der Tasche, macht sie spielsüchtig, sie verlieren Haus und Hof, oft auch ihre Familie, werden nicht selten kriminell, um das nötige Spielgeld zu bekommen. Es ist die Hölle auf Erden. Eine legale Hölle.
Zugegeben, schön aufgemacht, Musik, privates Ambiente, gedämpftes Licht, zuvorkommende Bedienungen – aber eben die Hölle, für den, der darin gefangen ist.

Es ist trostlos zu sehen, wenn Du früh um 4 Uhr in eine Spielothek reinkommst, um nach dem Rechten zu sehn. Kontrolle. Das Überfallrisiko sinkt, wenn sich die Polizei zu unregelmäßigen Zeiten blicken läßt.

Leise Musik, sonst Stille. An den abgeschotteten Spielautomaten vereinzelt Spieler, Spielerinnen. Ihre geröteten Augen kleben gebannt am Automaten, beschwören ihn, doch endlich den Jack-Pott auszuschütten. Schweiß auf der Stirn und unter den Achseln, weil sie schon wieder zuviel verspielt haben, ohne den Hauptgewinn zu kriegen.

Sie sind nicht ansprechbar. Ihre Hoffnung und ganze Aufmerksamkeit gilt der „Gewinn-Maschine"! Und das ist sie aber nur für den Betreiber. Alle anderen sind Verlierer, Süchtige, Junkies.

Ein Betreiber sagte mir mal, er brauche nur drei (in Worten: DREI) Stammkunden, die regelmäßig kämen. Dann wären alle monatlichen Betriebskosten gedeckt. Jeder weitere Spieler ist Reingewinn.

(Ich gehe davon aus, daß er mich nicht angelogen hat.)

Ich war schockiert, mir war zum Heulen zumute. Armes Deutschland, arme Menschen. Sie brauchen Befreiung durch Jesus. ER kann und will die Ketten der Spielsucht zerbrechen. Wenn man IHN läßt.

Das ist nur ein Beispiel von vielen. Das kann auch jeder sehen wie er will. Das steht ihm frei. Es kann auch jeder hingehen wo er will, auch sein eigenes Bier. Wir leben in einem freien Land, jeder kann, darf und soll seine eigene Meinung haben und diese auch, grundgesetzlich zugesichert, sagen und vertreten.

Aber ich wurde zum Teil mit sehr fürchterlichen Dingen und schmerzhaften Erfahrungen in über 40 Jahren Polizeiarbeit an der Basis gelehrt, daß nicht alles super ist, auch wenn es legal ist. Viele Dinge muß ich nicht haben, weil ich hinter die Kulissen geblickt habe. Ich habe viele Zusammenhänge und Hilflosigkeit kennengelernt, die eben nicht im Polizeibericht stehen oder gar nicht veröffentlicht werden dürfen.

Aber es ist trotzdem Aufgabe der Polizei, unter teils schwierigsten Umständen, ihre Aufgabe zu meistern, um dem Einzelnen und der Gesellschaft so viel Freiheit und Schutz zu gewähren, wie irgend möglich und innerhalb der geltenden Gesetze.

Und die gleiche Aufgabe haben Christen in dieser Welt. Es geht nicht um Zwangsmissionierung nach dem alten Motto: „Und willst du nicht mein Bruder sein, so schlag ich dir den Schädel ein!"

Das hatten wir schon zu oft, da kam unsägliches Leid in die Welt im Namen „Jesus" oder „Gottes". Das war nicht Jesus, das war nicht Gott, im Gegenteil, das war der fiese alte Verkleidungskünstler, der Ober-Illusionist. Der Zerstörer, der Unterdrücker, der Anlüger.

Jesus kam, um dessen Werke zu zerstören und hat die Durchsetzung dieser grundsätzlich erledigten Sache seinen Jüngern übertragen.

Christen sind also im übertragenen Sinne, erlaubt mir diesen Vergleich, „geistliche Polizei".

> *„Wer Sünde tut, der ist vom Teufel;*
> *denn der Teufel sündigt von Anfang an.*
> *Dazu ist erschienen der Sohn Gottes,*
> *daß er die Werke des Teufels zerstöre."*
> 1.Johannes 3 / 8

> *„Wahrlich, wahrlich, ich* (Jesus) *sage euch:*
> *Wer an mich glaubt,*
> *der wird die Werke auch tun, die ich tue,*
> *und wird größere als diese tun;*
> *denn ich gehe zum Vater."*
> Johannes 14 / 12

Jesus kam, um die Werke des Teufels zu zerstören. Am Kreuz rief er aus „Es ist vollbracht!" Das beinhaltete auch den Sieg über den Teufel und dessen Werke.
Dann sagt Jesus, wer an IHN glaubt, wird die gleichen Werke tun wie ER, das bedeutet für mich persönlich, auch die Werke der Finsternis ans Licht zu bringen und unschädlich zu machen. Durch Gebet.

Ich möchte hier klarstellen, es geht nicht um Sachbeschädigung an irgendetwas, es geht nicht darum, Leuten, die damit zu tun haben, nachzustellen oder so. Es geht darum, zu beten und das einzusetzen, was Jesus uns gegeben und gelehrt hat und auch von uns erwartet.

Ich möchte Dir noch eine interessante Stelle aus dem alten Testament vorstellen. Die ist super. Die paßt hier voll ins Thema. Die wäre ein eigenes Buch wert (wer weiß?).

„ Und die Männer der Stadt sprachen zu Elisa:
Siehe, es ist gut wohnen in dieser Stadt, wie mein Herr sieht;
aber es ist böses Wasser und das Land unfruchtbar.
Er sprach: Bringt mir her eine neue Schale
und tut Salz hinein! Und sie brachten's ihm.
Da ging er hinaus zu der Wasserquelle
und warf das Salz hinein und sprach:
So spricht der HERR:
Ich habe dies Wasser gesund gemacht;
es sollen hinfort weder Tod
noch Unfruchtbarkeit von ihm kommen.
So wurde das Wasser gesund bis auf diesen Tag
nach dem Wort Elisas, das er sprach. "
2.Könige 2 / 19 – 22

Woow!

Ich will nur einen Aspekt von vielen hier rausgreifen.

Das Salz!

Der Prophet Elisa handelte im Auftrag und Willen Gottes.
Er kam in eine Stadt, die grundsätzlich gut war.
Nur hatte sie eine schlechte Wasserquelle, das Wasser machte unfruchtbar.

Und was nimmt Elisa, im Auftrag Gottes, um den Umstand zu heilen?
Das Salz!

Richtig – ich kann Deine Gedankenwindungen rotieren sehn, Deine Synapsen arbeiten gerade auf Hochtouren. Da war doch was! Synapsen – strengt euch an! Ihr könnt das! Bingo – Synapsen-Connection steht!

Genau! Matthäus 5! Ihr seid das Salz der Erde. Aha – das war`s also.

„Ihr seid das Salz der Erde.
Wenn nun das Salz nicht mehr salzt,
womit soll man salzen?
Es ist zu nichts mehr nütze,
als daß man es wegschüttet
und läßt es von den Leuten zertreten.“
Matthäus 5 / 13

Also das Salz muß ins Problem! Nicht umgekehrt. Nicht das Problem kommt zum Salz, wenn es keine Lust mehr hat, Problem zu sein, sondern auf geht´s Salz! Ab zum Problem und hinein Onkel Otto!*
Und dann salzen, was das Zeug hält. Zeig dem Problem, was ein ordentliches Salz ist! Die natürliche Bestimmung des Salzes ist es zu salzen, dafür wurde es geschaffen. Nicht um als Deko in irgendwelchen hübschen Gläschen im Regal zu stehen.
Viel zu lange haben wir, habe ich, das nicht verstanden, für nicht so relevant erachtet, mich gescheut, zu feige gewesen oder was weiß ich noch.

Ich hab mich immer gewundert, warum alle Welt auf den Christen, den Gemeinden rumtrampelt. Spöttisch – ablehnend gegenübersteht. Nix von Jesus wissen will. Das Evangelium keine breitgefächerte Akzeptanz in der Gesellschaft hat. Hier hatte ich die ernüchternde Antwort!

„Ihr seid das Salz der Erde.
Wenn nun das Salz nicht mehr salzt,
womit soll man salzen?
Es ist zu nichts mehr nütze,
als daß man es wegschüttet
und läßt es von den Leuten zertreten."
Matthäus 5 / 13

Wir warten, daß das Problem zum Salz kommt.
Daß die Probleme in unseren Städten von allein aufhören.

Wir wundern uns, daß man auf uns Christen rumsappt.*
Und Gott hat schon längst die Lösung durch Elisa aufgezeigt,
Jahrhunderte vor Jesus.

Wir sollen diesen Problemen entgegentreten, in sie
hineinbeten, hinein sprechen, hinein befehlen, den Heiligen
Geist fragen, welche Strategie ER hat und wie wir es
umsetzen sollen. Aktiv werden im geistlichen Bereich. Die
faulen, todbringenden Quellen heilen.

Die Erlebnisse aus diesem Buch sind ja nur ein kleiner
Einblick in diesen Bereich, ich hab ja noch viel mehr erlebt,
über das ich hier aber nicht schreiben will oder darf. Aber es
ist die Wahrheit.

Wo willst Du Salz sein? Leg Dich fest!

Geistliches Sonder-Einsatz-Kommando ...
... Motivierte Mitglieder gesucht

Kennst Du die faulen Quellen in Deiner Stadt?
Die „Drecklöcher", Prostitutionsorte, Drogenumschlagplätze,
Hehlerstandorte, die öffentlichen Plätze, wo sich Betrunkene,
Drogensüchtige, lichtscheue Gesellen treffen und ansammeln.
Denk nicht, daß das zufällig passiert, das hat einen Grund.
Das sind geistlich „faule Quellen" wo sie sich treffen, sie
werden fast magisch angezogen und wissen nicht mal warum.

Ich ermutige Dich, mach Dir einen geistlichen Stadtplan.
Schreibe Dir auf, wo diese Stellen sind und fang an, dagegen
zu beten. Frag Jesus wie Du vorgehen sollst.

Wir haben so viele Pastoren und Leiter getroffen, die wirklich
keine Ahnung von ihrer Stadt und Umgebung hatten. Aber
die Geschlechtsregister der Bibel auswendig kannten.
Mamma mia!

Nimm Dir mal Deine Tageszeitung.
Für mich ist sie normalerweise meine morgendliche Lektüre,
meine Gebetsvorlage. Meine öffentliche Informationsquelle
der faulen oder guten Quellen. Lies im Lokalteil den
Polizeibericht. Und lies ihn unter dem gerade genannten
Aspekt und Du wirst erstaunliche Entdeckungen machen. Du
wirst faule Quellen entdecken, dämonische, zerstörerische
Strukturen, schlechte Einflüße für Deine Stadt.
Entwicklungen, Tendenzen, die sich abzeichnen.

Das Ganze kannst und sollst Du auch für unsere Nation, für
Europa machen. Welche politischen und gesellschaftlichen
Entwicklungen zeichnen sich ab. Manches entpuppt sich
später als faule Quelle. Das ist unsere Verantwortung als
Christen.

Fang an zu beten, such Dir Christen mit dem gleichen Verlangen. Gründet einen Gebetskreis, eine „Prayer-Task-Force", ein „geistliches SWAT-Team", ein „geistliches Sondereinsatzkommando", eben einfach starkes Salz sein.

Fang an, dieses Thema anhand der Bibel zu studieren. Bitte Jesus, daß ER Dir Offenbarung darüber gibt.

Fang an, Deine ersten Schritte zu gehen, es einzusetzen, es auszuprobieren und Du wirst feststellen, Gott stellt sich an Deine Seite. Schreib es Dir auf, daß Du es nachverfolgen kannst.

Sprich mit Deinem Pastor, sprich mit den Polizisten in Deiner Gemeinde. Werde aktiv im Gebet und der Autorität.

Nachwort

Ich habe Dich ein wenig an meiner persönlichen Polizeigeschichte teilnehmen lassen.
41,7 Jahre (gemäß offizieller Angabe in meiner Pensionierungsurkunde).
Und an meiner geistlichen Entwicklung, Einsichten in geistliche Dinge, so wie ich sie heute sehe, an übernatürlichen Lösungen von Polizeialltagsgeschehen.

- 41,7 Jahre mit Jesus im Dienst
- 41,7 Jahre Bewahrung, ich mußte nie wirklich kämpfen, mußte nie auf einen Menschen schießen
- 41,7 Jahre Polizeiarbeit, vom kleinen Wachtmeister der von nix eine Ahnung hatte, bis hin zum Hauptkommissar in einer Führungsposition
- 41,7 Jahre Wunder und Erfahrungen
- 41,7 Jahre, die total Spaß gemacht haben, trotz aller Herausforderungen
- davon 38,7 Jahre mit Andra an meiner Seite, zuerst als Freundin, dann als Verlobte und jetzt seit 36 Jahren als meine Frau. Danke dafür. Ich liebe Dich!

Zusammengefaßt mit einem kleinen, aber inhalts- und bedeutungsvollen Satz:

Mit Jesus auf Streife!

Du hast vielleicht gemerkt, das Ganze ist schon ziemlich vielschichtig. Manche Frage bleibt momentan offen. „Warum hat es da und dort nicht funktioniert? oder: Was hab ich falschgemacht?"

Es geht hier nicht um Zauberei, irgendwelche Magic-Sachen. Es geht um das wahre Leben, um praktisch gelebten Glauben an Jesus. Um das Salz in der Suppe, äääh- in der Quelle.

Und darum, daß man anfangen muß es zu tun, damit man weiterwächst und neue Erkenntnisse bekommt. Nicht anzufangen, weil noch Fragen offen sind, ist totaler Quatsch. Es gäbe keine Erfindungen, keine Forschung, keinen Fortschritt, der Mensch würde nicht mal laufen.

Hast Du gewußt, daß ein Baby über 1000 Versuche braucht, bis es laufen kann? Immer wieder aufstehen, hinsetzen, hoch, auf den Popo, der zum Glück gut gepolstert ist durch Windel mit Einlage. Alle Fragen offen und trotzdem probiert. Keine Ahnung vom Laufen, aber angetrieben von der inneren Gewißheit, daß es gehen wird. Nur wer diese Herausforderung überwindet, wird zum Überwinder.

Die Welt und auch die Christenheit kennt zu viele „Reichsbedenkenträger". Zu viele „wenn" und „aber" Argumentatoren, die dann halt lieber nix machen oder probieren. Aber auf wichtig machen, auf dicke Hose, den anderen sagen, wo´s langgeht (oder vielleicht eher wo´s stehn bleibt).

Die wichtigen „Griichervereinsfoonadräächä"* die vorne weg gehen als Helden, aber eigentlich noch nix wirkliches erlebt haben. (Also des wöddla hod edzäd nuch sei müssn, zwaa leudla wissen, wer gämaand is)

Und trotzdem immer wieder weiterzumachen, obwohl man oft vergisst zu beten und seine geistliche Position einzunehmen. Jesus hat mir verziehen. Hallelujah.

Ich ermutige und bitte Dich hier um zwei Dinge:

Nummer 1:

Geh auch Du mit Jesus auf Streife!

Auf eine geistliche Streife für Deine Stadt, für Dein Land. Für Deine Familie, Deine Nachbarschaft, auch für Dich selbst. Sei salziges Salz. Finde die faulen Quellen, die das Leben unserer Städte unfruchtbar machen. Finde die faulen Eier und bete sie ans Licht. Gib ihnen ordentlich Salz. Du bist es, Du hast es, benutze es!

Nummer 2:

Bitte bete konstant für die Polizei!

Für unsere Polizei. Die für Dich da ist, den Kopf hinhält. Auch wenn Du das Buch in einem anderen Land liest, bete für die / Deine Polizei. Auch wenn sie in Deinem Land nicht so hohes Ansehen und Vertrauen genießt wie hier in Deutschland, gerade dann bete umso mehr für sie.

Bete für Schutz und Bewahrung im Dienst, besonders für die kritischen Einsätze, bete wenn Du hörst, es stehen Demo´s an, eventuell mit Ausschreitungen.

Bete für Aufklärungs- und Fahndungserfolge, damit die, die meinen, sie können das Recht mit Füßen treten, dingfest gemacht werden. Bete für aussagekräftige und gerichtsverwertbare Beweise (so nennt sich das, wenn die Beweise vor Gericht Bestand haben, auch wenn die Rechtsanwälte versuchen, sie zu zerpflücken).

Bete für mehr überzeugte Christen bei der Polizei. Danke.

Und für die Behörden, die dafür da sind, das Gute zu fördern, das Böse zu bestrafen. Daß sie gute und würdige Diener/innen Gottes sind. Sie können sehr viel bewirken, wenn sie ihre Aufgabe ernst nehmen und nicht zu lasch handeln und entscheiden.

Bete für unser Land, denn es ist ein gutes Land! Ich liebe es! Und solltest Dein Land auch lieben. Schimpf nicht über die Zustände. Erkenne sie – und bete dafür. In einer noch nie dagewesenen Dringlichkeit. Es ist eine ernste Zeit. Dinge weltweit entwickeln sich zum Schlechten. Das Gute wird mehr und mehr in die Enge gedrängt. Schau an, welche Grütze plötzlich Gesetz wird. Da läuft was falsch, da fehlt Gebet.

Zum Schluß nochmal diese beiden Bibelstellen, die eine ganz neue Tragweite für mich bekommen haben.

(Paulus schreibt im Auftrag Gottes eine Gebetsanweisung)
„So ermahne ich nun, daß man vor allen Dingen tue
Bitte, Gebet, Fürbitte und Danksagung für alle Menschen,
für die Könige (heute sind es mehr die Präsidenten)
und für alle Obrigkeit (Regierungen, Behörden, …)
damit wir ein ruhiges und stilles Leben führen können
in aller Frömmigkeit und Ehrbarkeit.
Dies ist gut und wohlgefällig vor Gott, unserm Heiland,
welcher will, daß alle Menschen gerettet werden
und sie zur Erkenntnis der Wahrheit kommen."
1.Timotheus 2 / 1 – 4

„Jedermann sei untertan der Obrigkeit,
die Gewalt über ihn hat.
Denn es ist keine Obrigkeit außer von Gott;
wo aber Obrigkeit ist, ist sie von Gott angeordnet.
Darum: Wer sich der Obrigkeit widersetzt,
der widerstrebt Gottes Anordnung;
die ihr aber widerstreben, werden ihr Urteil empfangen.
Denn die Gewalt haben,
muß man nicht fürchten wegen guter,
sondern wegen böser Werke.
Willst du dich aber nicht fürchten vor der Obrigkeit,
so tue Gutes, dann wirst du Lob von ihr erhalten.
Denn sie ist Gottes Dienerin, dir zugut.
Tust du aber Böses, so fürchte dich;
denn sie trägt das Schwert nicht umsonst.
Sie ist Gottes Dienerin
und vollzieht die Strafe an dem, der Böses tut. "
Römer 13 / 1 - 3

Gott segne Dich mächtig!

Ich bete für Dich - den Leser und hoffentlich auch Täter, dieses Buches (hier darfst Du ausnahmsweise mal ein Täter sein).

Zum Schluß dieses Buches:
Es ein kleiner Text, der vor Jahren einmal als Flugblatt in unseren Arbeitsfächern in der Dienstelle lag. Verfasser oder Verfasserin ist mir leider nicht bekannt, es kursiert tausende Male im Internet.
Es ist eine respektvolle, liebevolle Verbeugung vor einem der schwierigsten Berufe der Welt: Der Polizist.

Als Gott den Polizisten schuf:

Am sechsten Tag ohne Rast machte Gott sich daran, Polizisten zu kreieren. Ein Engel kam vorbei und sagte: „Du beschäftigst dich aber ungewöhnlich lange mit diesem Modell".

Und Gott fragte: „Hast du die Kriterien gesehen, die das Modell erfüllen muß?"

„Ein Polizist muß in der Lage sein, fünf Kilometer durch dunkle Gassen zu rennen, Mauern und Wände heraufzuklettern, Häuser zu betreten, die der Minister für Gesundheit nicht mal ansehen würde, und das alles möglichst ohne seine Uniform zu zerknittern oder zu verschmutzen.

Er muß den ganzen Tag in einem zivilen Auto vor dem Haus eines Verdächtigen ausharren, gleichzeitig die Nachbarschaft nach Zeugen auskundschaften, in derselben Nacht eine Verbrechensszene untersuchen und früh am nächsten Morgen vor Gericht erscheinen und seine Aussage machen.

Er muß jederzeit in Top-Kondition sein, und das nur mit schwarzem Kaffee und halb gegessenen Mahlzeiten. Und er braucht sechs Paar Hände."

Der Engel schüttelte seinen Kopf und sagte: „Sechs Paar Hände... - das geht nicht."

„Es sind nicht die Hände, die mir Probleme bereiten", sagte Gott, „es sind die drei Paar Augen, die ein Polizist haben muss."

„An einem ganz normalen Polizisten? Warum denn das?" fragte der Engel.

172

Gott erklärte es. „Ein Augenpaar, das durch ausgebeulte Hosentaschen sehen kann, bevor er fragt, ob er sehen darf, was drin ist (obwohl er es längst weiß und wünscht, er hätte einen anderen Job angenommen).
Ein zweites Paar Augen an der Seite seines Kopfes, zur Sicherheit seines Partners.
Und ein Paar hier vorne, das versichernd zum Verunglückten schauen kann und ihn sagen läßt: Alles wird wieder gut, obwohl er weiß, dass es nicht so ist."

„Gott", sagte der Engel und fasste ihn am Ärmel, „ruhe dich doch erst mal aus, du kannst dieses Modell doch später fertig stellen."

„Das kann ich nicht, ich habe schon ein ziemlich gutes Modell erschaffen, es kann einen 150 Kilo schweren Betrunkenen überreden, ins Polizeiauto zu steigen, ohne daß es zu Zwischenfällen kommt, und es kann eine fünfköpfige Familie mit mäßigem Gehalt durchfüttern; ich kann jetzt nicht aufgeben."

Der Engel umkreiste den Polizisten sehr langsam und sah ihn sich genau an, dann sagte er: „Kann dieses Modell auch denken?"

„Aber natürlich", antwortete Gott, „es kann Dir die Tatbestände von tausend Verbrechen aufzählen, Verwarnungen im Schlaf aufsagen, verhaften, untersuchen, auffinden und einen Gangster schneller von der Straße holen, als die Richter diskutieren, ob es berechtigt war oder nicht, während der Polizist schon den Nächsten verhaftet.

Und während alledem behält der Polizist noch seinen Sinn für Humor. Außerdem hat dieses Modell eine wahnsinnig gute Kontrolle über sich selbst; es ist fähig, Verbrechensszenen zu untersuchen und abzusichern, die aussehen, als wären sie der Hölle entsprungen, ohne mit der Wimper zu zucken;

es kann einem Kinderschänder ein Geständnis entlocken und hat trotzdem seinen Haß unter Kontrolle,
es kann die Familien von Opfern trösten und ihnen Mut zureden, obwohl die Zeitung wieder mal schreibt, Kriminelle würden nicht gerecht behandelt."

Dann sah sich der Engel das Gesicht des Polizisten genauer an, er strich mit seinem Finger über die Wangen des Modells und sagte: „Siehst du Gott, hier ist ein Leck. Ich sagte doch, dass Du Dir zu viel vorgenommen hast bei diesem Modell."

„Das ist kein Leck", entgegnete Gott, „es ist eine Träne."

„Eine Träne? Wofür?", wollte der Engel wissen. „Nun ja, für die aufgestauten Gefühle ... für die verletzten Kameraden, für die Beschimpfungen, die er hinnehmen muß, für die Undankbarkeit und falschen Beschuldigungen, für die Frustration und Wut, für Einsamkeit, für Schmerz und Ohnmacht, für die schrecklichen Dinge, die er manchmal sieht. Für die Albträume und für die Angst."

"Du bist ein Genie", sagte der Engel.

Gott guckte ernst und sagte; "Engel, ich habe die Träne nicht dorthin getan."

* Der kleine persönliche Sprachführer *

ugs.	Abkürzung für umgangssprachlich
Polli	liebevolle Kurzform von Polizist
Polli-Jargon	Insider-Sprachgebrauch, nicht offiziell, aber häufig angewendet, teils skuril
Gendarm	alter offizieller Begriff für Polizist
Potzer	alter, umgangssprachlicher Ausdruck für Polli
Potzger	dto.
Pfiffer	kleiner gelber eßbarer Pilz. scherzhaft für nachlässig handelnde Person
Kohle	ugs. für Geld. andere Begriffe sind auch Knete, Penunzen, Zaster, Moneten, Kies, Moos, Mäuse, Pulver, Schotter, u.v.m., werden oft von Ganoven verwendet, deswegen sollte man sie als Potzer kennen
Brötla	fränkischer Sprachgebrauch für -brötchen. Ein -brötla hat nix mit der Größe oder mit dem was drauf ist, zu tun, es liegt an der sprachlichen Neigung der Franken, alles zu verniedlichen. Siehe auch: Häusla, Männla, Hündla, Leberkäsbrötla, Wurschtbrötla ...
funzig	kleinlich, geizig, aber auch schuftig (österreichischer Begriff) bei uns: mickrig, klein gegenüber etwas anderem
keesweiß	leichenblaß, weiß wie die Wand, weiß wie Käse

Gong verpassen	gewaltigen Schlag versetzen, der einen durch und durch durchdringt und vibrieren/erstarren läßt
Pippifax	überflüssiger Unsinn, dummes Zeug
Knilch	unangenehmer Mensch, ugs. für widerwärtige Person, Pestzecke, Rüpel, Widerling, Fiesling
Schmankerl	Leckerbissen, Wohlgenuß. Wird häufig auch bei Erzählungen als besonders interessanter Teil oder Abschnitt verwendet
Schandi	Kurzform für Gendarm
baff	sprachlos, verwirrt, überrascht
Onkel Otto	Redensart in verschiedenen Zusammenhängen z.B. ran Onkel Otto u.a.
Griichervereinsfoonadräächä	Bamberger Mundart: Kriegervereinsfahnenträger
rumsabbn	herumlaufen, drüberlaufen,

Wir Franken haben eine schöne Sprache. Warm, weich, rund. Es gibt keine „harten" Buchstaben, wie etwa -k- , -p- oder -t-. Ich liebe diesen Dialekt.

Noch eine kleine Kostprobe gefällig?
Bitte schön!
„Dashunderddausenddollardodierdedamendennisdurnier"

Ist doch ganz einfach gewesen. Sag ich doch.

Apostelgeschichte 29

Ich habe im Buch erwähnt, daß ich 2015 mein erstes Buch geschrieben habe. Ich möchte hier ein paar Ausschnitte zeigen. Ziel des Buches ist es, der Kraft Jesu zu vertrauen und zu erwarten, daß ER gemäß seinem Wort, auch heute noch Wunder tut. Hat ER es einmal getan, kann und will ER es wieder tun. Hat ER es für jemand anderes getan, kann und will ER es auch für Dich tun.
Gottes Wunder sind für alle, die sich nach ihm ausstrecken.
Also hier geht's los!

Günther Kunstmann

Apostelgeschichte 29
Zeichen und Wunder -
sie geschehen doch noch!

Die abenteuerliche Reise in Gottes Dimension
Berichte vom Wirken Jesu heute

Ein Motivations- und Tatsachenbuch

Buchauszug:
Mit Heuschnupfen fing alles an

Eine erschreckende Entdeckung

Da wird man gut 30 Jahre alt, ist dankbar und glücklich über eine robuste körperliche Konstitution, man macht Pläne und ist bereit die Welt zu erobern und Bäume auszureißen.
Was oder wer sollte einen stoppen?
Und dann wird meine heile Welt durch ein Ereignis auf den Kopf gestellt:
Heuschnupfen durch Grasblüte!

Diese Erkenntnis traf mich wie ein Hammer, weil ich mir nicht erklären konnte, wo das plötzlich herkam. Ich hatte nie eine Allergie, liebte den Duft von Gras und Heu, half bei Heuernten mit und fühlte mich total wohl dabei. Die Frühjahrszeit war für mich persönlich eine der schönsten Jahreszeiten.

Plötzlich war alles anders!
Brennende, juckende, zugeschwollene Augen; Kratzen im Hals; eine triefende Nase wie ein Wasserfall und keine Aussicht auf Heilung. Durch Medikamente konnte lediglich ein wenig Linderung herbeigeführt werden.
Willkommen im Club der unfreiwilligen Allergiker!

Das war eine niederschlagende Prognose für die Zukunft.

Die Grasblütezeit war dann jedes Jahr ein Horror für mich.
14 Tage krankgeschrieben, nur im abgedunkelten Schlafzimmer bei geschlossenem Fenster, feuchte Kamillentücher auf den Augen – na prima!

Sehnsüchtig wartete ich darauf, daß die Grasblüte vorbeiging und ich wieder raus konnte. In die Natur, den Dienst, meine Aktivitäten, Freunde und Ausflüge.

Die Stimmung zu Hause mit meiner Frau war in diesen 14 Tagen immer ziemlich angespannt, gereizt, genervt – es war nicht das, was ich mir unter Frühjahrszeit so vorgestellt hatte.

Du kannst Dir sicherlich vorstellen, daß auch in meinem Kopf die Gedanken Karussell fuhren. Ich kannte ja genügend Leute mit den verschiedensten Allergien und wußte, daß sie das Zeug nicht wieder loswurden, sondern ihr Leben drauf einstellen mußten.

Manchmal war es so schlimm, daß ich mir wünschte, am Nordpol zu wohnen, weil es da keine Grasblüte gab. Aber

dann wurde mir klar, daß es außer Eis und Schnee dort auch sonst nix gab! Und immer saukalt.
Also auch nicht wirklich eine Alternative.

In dieser „Leidenszeit" wurde mir diese erschreckende Zukunft nur all zu deutlich in meine Gedanken gemalt. Ich konnte es drehen und wenden, ich sah keine andere Lösung, als Gott zu bitten, mir zu helfen.

Ich wußte; wenn jemand eine Lösung für mein Problem hatte, dann ER!

„Gott ist gut" – äh wie bitte?

Ich bin als Kind in einer Familie aufgewachsen, wo meine Eltern regelmäßig und voller Freude in eine evangelische Freikirche gingen und sie Jesus Christus, Gott den Vater und das Wort Gottes von Herzen liebten. Ich war von frühester Kindheit an mit dabei, es war für mich völlig normal in die Gemeinde zu gehen und war glücklich damit aufgewachsen.

Ich hatte in jungen Jahren (ich war 13) mein Leben in die Regie von Jesus übergeben.
Gebet, Verheißungen und auch Gebetserhörungen waren mir nicht fremd.
Die Gemeinde und der Glaube waren meine gewohnte Umgebung. Das Wort Gottes gab mir Kraft und Orientierung, gerade in meiner pubertären Phase. Ich bin noch heute meinen Eltern, den Glaubensgeschwistern und der damaligen Gemeinde dankbar, daß sie mich die „Wege des HERRN" gelehrt und mich dabei begleitet hatten. Es hat mich einigermaßen stabil durchs Leben gehen lassen.

Mein Weg war trotzdem nicht immer geradlinig und ich hatte in meinem Leben genügend „Böcke" geschossen, die Buße, Umkehr und Vergebung notwendig werden ließen.
Gott sei gedankt, ER hatte mir immer vergeben und die Menschen meistens auch.

Daß Gott heilen könne, war mir sonnenklar.
Logo – ER ist ja schließlich Gott und nicht irgendwer. Meine Überzeugung war, daß ER tun und lassen konnte, was ER wollte. ER sei aber bei alledem immer gerecht. Das war wenigstens ein Trost. So war ich gelehrt worden. Klar betete ich intensiv um Heilung, aber es änderte sich kaum was. Ich dachte: „naja, dann mußt du dich halt damit zufriedengeben, dann will Gott dich halt nicht heilen. Andere vielleicht. Zu irgendwas wird's schon gut sein"

Aber beim besten Willen war mir nicht klar für was, und ich stellte fest, daß tief in mir schon eine gewisse Anfrage an Gott war - „ und DU willst ein guter Gott sein?"
Ich wollte Gott nicht in Frage stellen, aber diese leise Stimme in meinem Innersten verstummte nicht.

Das brachte mich ganz schön ins Schleudern, weil ich auf der einen Seite absolut wußte,
- Gott ist gut
- er liebt mich von ganzem Herzen
- er hat gute Pläne und Absichten für mein Leben
- ich kann IHM immer vertrauen
- er hatte seinen Sohn Jesus für mich zur Erlösung gegeben
- die Bibel war voll von Heilungswundern und Verheißungen
- ER ist allmächtig und oft mit unserem Verstand nicht zu begreifen
- das Wort Gottes ist eigentlich für mich und sehr praktisch
- …...

und auf der anderen Seite verstand ich Gott nicht und fragte mich,
- was soll das Ganze
- warum gerade ich (ich war doch sein Kind)
- ich vertraute IHM doch
- was will ER mir dadurch zeigen oder lehren
- warum funktionierte sein Wort bei mir nicht
- und viele Fragen mehr.

Letztendlich mußte ich mich damit abfinden; ich tat es, kam zu keiner Lösung, ergab mich in mein Schicksal - aber war nicht wirklich glücklich darüber.

Eine umwerfende Erkenntnis

In der Bibel gibt es Berichte von einem Ereignis, das man als

Taufe in den Heiligen Geist
oder
Erfüllung mit dem Heiligen Geist

bezeichnet und der allen Gläubigen, die Jesus ganz bewußt zu ihrem persönlichen Retter und Heiland eingeladen und angenommen haben und mit IHM leben, zur Verfügung steht. Das kommt nicht automatisch, sondern soll erbeten werden! Schau`n wir mal kurz drei Bibelstellen an.

„Wenn nun ihr, die ihr böse seid,
euren Kindern gute Gaben geben könnt,
wie viel mehr wird der Vater im Himmel
den Heiligen Geist geben denen, die ihn bitten!"
Lukas 11 / 13

„Da legten die Apostel die Hände auf sie
und sie empfingen den Heiligen Geist."
Apostelgeschichte 8 / 17

„ Und als der Pfingsttag gekommen war,
waren sie alle an "einem" Ort beieinander.
Und es geschah plötzlich ein Brausen vom Himmel
wie von einem gewaltigen Wind
und erfüllte das ganze Haus, in dem sie saßen.
Und es erschienen ihnen Zungen, zerteilt wie von Feuer;
und er setzte sich auf einen jeden von ihnen,
und sie wurden alle erfüllt von dem Heiligen Geist
und fingen an zu predigen in andern Sprachen,
wie der Geist ihnen gab auszusprechen."
Apostelgeschichte 2 / 1 – 5

Diese geistliche Erfahrung machte ich eines Tages und das veränderte alles!

Ich will hier jetzt nicht weiter drauf eingehen, wie es zu der Taufe in den Heiligen Geist kam, wie es geschah und welche Erstauswirkungen in meinem Leben sichtbar wurden oder auch nicht. Das ist eine eigene Geschichte, die ich vielleicht zu einem anderen Zeitpunkt erzählen werde.

Auf jeden Fall hat die Erfüllung mit dem Heiligen Geist unter anderem immer etwas mit neuen Erkenntnissen zu tun. Also Dinge, die man vorher nicht sieht oder kennt, plötzlich klar sieht oder endlich begreift. So war das auch bei mir.

„ Wenn aber jener, der Geist der Wahrheit, kommen wird,
wird er euch in alle Wahrheit leiten.
Denn er wird nicht aus sich selber reden;
sondern was er hören wird, das wird er reden,
und was zukünftig ist, wird er euch verkündigen."
Johannes 16 / 13

Plötzlich wußte ich, daß die Wahrheiten im Wort Gottes, die Verheißungen und Aussagen, was Jesus für uns - und damit für mich (!) - getan und am Kreuz teuer erkauft hatte, mir zur Verfügung standen. Jesus hatte es für mich getan!
Aber ich hatte keine Ahnung, was ich damit anfangen sollte, geschweige wie ich das in mein Leben hineinbringen konnte.

Ich fing an zu beten und Jesus zu bitten, daß ER mir das erklären möchte, sonst wär´ ja diese Erkenntnis für die Katz! Und das tat ER!

Zur Erklärung will ich hier sagen, daß ich jetzt nicht anfing Stimmen zu hören, oder irgendwie in Trance zu fallen. Sondern Gedanken in mir fingen an, Zusammenhänge zu registrieren und zu verstehen, was das Wort Gottes mit bestimmten Stellen damit ausdrückt und wirklich meint. Manchmal waren es plötzliche Gedanken, bei denen ich mich fragte „Wo kommt das denn plötzlich her?"
Oder es war wie eine innere Unterhaltung. Oft war es fast so, als wenn ich mich plötzlich in einem biblischen Bericht an der Seite Jesu befand und alles hautnah mitbekam.
Diese Gedanken und Wahrnehmungen waren verbunden mit einer großen Spannung, Freude und Erwartung. Ich verstand plötzlich, was es heißt mit Gott zu reden und auch eine Antwort zu bekommen.

Ich meine, ich kenne mich gut genug um zu wissen, was und wie ich denke. Diese Art von Gedanken und innerem Reden waren für mich neu und total stark. Ich wußte, das ist das Reden Gottes mit mir und in mir.....

.....So war diese Erfahrung mit dem Heiligen Geist der Beginn meiner abenteuerlichen Glaubensreise mit Jesus, und die hat mein ganzes Leben umgekrempelt.

Erste Schritte

Das Erste, was mir Gott klarmachte, war so simpel wie auch einfach:

„ Glaube meinem Wort und es setzt seine Kraft frei!"

Ich sagte IHM: „Seit meiner frühesten Kindheit kenne ich viel von Deinem Wort und glaube es."
ER antwortete mir (in der vorher beschriebenen Art) „ Ja du kennst viel, aber vieles davon glaubst du nicht wirklich, sondern bejahst es nur. Du denkst, es ist Glauben, aber ist es nicht. Glauben heißt dem zu vertrauen, der es gesagt hat und danach zu handeln, so als wäre es bereits passiert."

Das war wie ´ne kalte Dusche für mich. Und ich wußte im gleichen Moment, „ER hat Recht!"

Ich handelte bei vielen Worten Gottes nicht danach, ich war in vielen Dingen ein „Reichsbedenkenträger", legte mir Begründungen für sein Wort zurecht, die mein Verhalten oder Nichtstun rechtfertigten. Gerne übernahm ich sogenannte Glaubensstatements wie z.B. „das gilt heute nicht mehr" oder „so kannst du das von Gott nicht erwarten", „Du kannst doch Gott nicht vorschreiben, was er tun soll", „nur nicht zu extrem werden" und vieles mehr. Oder ich checkte einfach gar nix.

Diese neue Erkenntnis brachte mich echt in die Zwickmühle.
Es blieb mir nur, Jesus gegenüber das einzugestehen und zu fragen, was ich denn tun solle.

Jesus zeigte mir in der Bibel einige Stellen, die mit „Sprechen" zu tun hatten und mit einem Verständnis von Autorität im Glauben.

Ok – das Verständnis von Autorität war mir durch meine Berufsausbildung als Polizist und der damit verbundenen Berufserfahrung nicht fremd.

Buchauszug Ende

Ok, wie die Geschichte mit dem Heuschnupfen weiterging, könnt ihr dort in „Apostelgeschichte 29" lesen.
Soviel sei verraten, mit Hilfe des Wortes Gottes, der Kraft des Heiligen Geistes und meinen aktiven Glaubensschritten, bin ich den Heuschnupfen losgeworden – bis heute.
Alle Ehre sei Jesus!

Auch viele persönliche Berichte über Heilungen, Freisetzungen von dämonischen Sachen sind da zu finden.

Hier noch ein paar kleine Auszüge:

Buchauszug:

Immunsystem spielt verrückt ...

… es versucht die gesamte Körpermuskulatur abzustoßen und verliert gegen Jesus

Report:
Am Sonntag, 04.11.2012, in den frühen Morgenstunden wurde ein 47-jähriger Mann aus unserer Gemeinde notfallmäßig ins Krankenhaus eingeliefert.
Er konnte sich nahezu nicht mehr bewegen, hatte keinerlei Kraft mehr in den Gliedern. Selbstständig konnte er keinen Fuß mehr heben, geschweige denn ein Glas Wasser halten oder eine Flasche mit Drehverschluß öffnen.

Die Ärzte, die sich gleich um ihn kümmerten stellten fest, daß sein Immunsystem einen "Schaltfehler" hatte. Das Immunsystem bekämpfte plötzlich seine Muskulatur. Alle Muskeln waren entzündet, die Schmerzen entsprechend unerträglich hoch. Den Grund dafür wußten die Ärzte nicht.

Seine Frau teilte uns die kritische Situation am Sonntag Morgen im Gottesdienst mit. Am frühen Nachmittag fuhren Andra und ich zu ihm ins Krankenhaus. Er bestätigte noch einmal die Diagnose der Ärzte und daß diese erst die letzten Laboruntersuchungen abwarten müßten, um eine mögliche Therapie ansetzen zu können. Aber vermutlich würde es auf eine starke Cortisonbehandlung hinauslaufen mit ungewissem Ausgang hinsichtlich der späteren Bewegungsfähigkeit.

Wir beteten für ihn unter Handauflegung und befahlen dieser Krankheit im Namen Jesus zu verschwinden und befahlen völlige Wiederherstellung und normale Funktion für das Immunsystem.

Nach ca. 2 Minuten kehrte Kraft in seine Glieder zurück, so daß er vor unseren Augen wieder eine volle Mineralwasserflasche halten konnte. Er hob die Beine und winkelte sie ab. Auch das hatte er vor dem Gebet nicht gekonnt.

Preis sei Gott.

Die Schmerzen waren weniger geworden, er war aber noch nicht ganz fit. Dies folgte in den Stunden danach.

Am Sonntag darauf war er wieder im Gottesdienst und gab Bericht darüber, daß ihn die Ärzte entlassen hatten, weil sie nichts mehr feststellen konnten.
Die Gegenproben und Tests waren völlig neutral. Die Ärzte konnten es sich nicht erklären.

Ach ja - und am Samstag hatte er bereits wieder Holz gemacht. Die Kraft war wieder 100 % da.

Jesus ist so gut und in SEINEM Namen ist Macht über Krankheit.

Verkrümmte Hände wieder funktionstüchtig

Eine ältere Frau hatte dermaßen Arthritis in den Händen, daß sie die verkrümmten Finger nicht mehr auf bekam. Die ganze Gemeinde kannte die Frau und half ihr in den täglichen Verrichtungen, weil sie es nicht mehr konnte. Ich sprach diese Arthritis gezielt an und befahl ihr im Namen Jesu diese Frau sofort zu verlassen. Sie wurde augenblicklich geheilt und demonstrierte es gleich der ganzen Gemeinde. Sie streckte beide Hände empor und streckte die Finger und bewegte sie wie wild.

Kaufsucht

Eine junge Frau kam vor einiger Zeit zu meiner Frau und gab zu, daß sie an Kaufsucht leide. Sie könne nicht widerstehen; wenn sie etwas Schönes im Katalog sähe, dann müsse sie das kaufen beziehungsweise bestellen. Ähnlich erginge es ihr in einem Laden. Sie wisse daß dies nicht normal sei, ihr ganzes Geld dadurch draufginge und sie nicht frei sei. Sie leide fürchterlich unter diesem Zustand.

Andra gebot Freiheit von dieser Gebundenheit im Namen Jesus. Die Frau spürte sofort eine Veränderung. Sie ging nach Hause, konnte das erste Mal seit vielen Jahren wieder Kataloge wegschmeißen und war und ist von diesem Moment an frei.

Jesus ist der absolute Kettenbrecher!

„Ihr aber, liebe Brüder, (und liebe Schwestern)
seid zur Freiheit berufen..."
Galater 5 / 13a

„Zur Freiheit hat uns Christus befreit!
So steht nun fest und
laßt euch nicht wieder
das Joch der Knechtschaft auflegen!"
Galater 5 / 1

Da haben wir es schwarz auf weiß. Wir sollen frei sein und Jesus hat uns befreit. Die Voraussetzungen sind geschaffen, hole Dir diese Freiheit bei Jesus. Menschen erleben es jeden Tag – warum nicht auch Du!

....Dieses Buch beschreibt in verständlicher Form, wie Jesus im Leben von Menschen Wunder tut. Und zwar heute noch. Erstaunliche Berichte, die begeistern und motivieren, zum Staunen und Hoffen bringen und den eigenen Glauben an Jesus neu entfachen. Fragen, Argumente, Hinderungsgründe für das übernatürliche Wirken Gottes werden ebenso beleuchtet, wie die einfache Erkenntnis und Aussage:
Jesus ist nichts unmöglich.

Persönliche Erlebnisse und Lebensveränderungen werden Mut machen, die eigenen Situationen in neuem Licht zu sehen und sie in der Kraft Jesu anzupacken und zu verändern.
Buchauszug Ende

Das Buch zeigt einfach, daß Wunder nicht aufgehört haben, sondern immer noch geschehen. Auch für Dich! Beschäftige Dich mit Jesus und seinem Wort und Du wirst feststellen, ER hat so viele Wunder getan, alle möglichen und unmöglichen Arten geheilt. Keine Krankheit, keine dämonische Macht war vor IHM sicher. ER hat die Liebe Gottes in Aktion gezeigt.

Das Buch hat 136 Seiten und kostet 9.99 Euro.
Erschienen ist es im BOD-Verlag Norderstedt.
ISBN-Nr: 978-3738636468.
Es ist online im BOD-Buchshop erhältlich
(https://www.bod.de/buchshop/catalogsearch/result/?q=apostelgeschichte+29)
oder über andere Online-Händler, z.B. AMAZON, ...

Viel Spaß und viele gute Erkenntnisse beim Lesen!

Und jetzt bleibt mir nur noch zu sagen:

Ran an den Speck – ääh - an das Gebet!

Die Welt und Deine Stadt warten auf Dich!

Du wirst Unglaubliches erleben,
das Du eines Tages Deinen Enkeln erzählen kannst.

Fang an zu salzen!

Ich bete für Dich lieber Leser, daß Du von Jesus total berührt und ermutigt wirst und Du erstaunliche Erfahrungen und Wunder erlebst.

Sei gesegnet
im Namen Jesus!

Günther Kunstmann
Bamberg, April 2018